edition suhrkamp 2770

Zukunftsforscher, Technikutopistinnen und marxistische Gesellschaftskritiker malen in seltener Übereinstimmung ein düsteres Szenario an die Wand: Über kurz oder lang übernehmen Roboter, selbstfahrende Autos und Algorithmen unsere Jobs. Digitalisierung und Automatisierung machen Millionen von Arbeitnehmern überflüssig. Aber ist wirklich der technologische Wandel der entscheidende Faktor hinter diesem tiefgreifenden Strukturwandel der Arbeitswelt? Aaron Benanav widerspricht dem »Automatisierungsdiskurs« und zeigt, dass die eigentlichen Ursachen in einer Verlangsamung der Produktivitätssteigerung und des Wachstums zu suchen sind. Eine Zukunft, in der Mensch und Maschine nicht miteinander konkurrieren, ist möglich, dafür bedarf es jedoch einer demokratischen Organisation der Wirtschaft.

Aaron Benanav ist Wirtschaftshistoriker und forscht als Postdoctoral Researcher an der Humboldt-Universität zu Berlin. Er schreibt unter anderem für *The Guardian* und die *New Left Review*.

Aaron Benanav

Automatisierung und die Zukunft der Arbeit

Aus dem Englischen von
Felix Kurz

Suhrkamp

Die englische Originalausgabe erschien 2020 unter dem Titel *Automation and the Future of Work* bei Verso (London/New York).

Erste Auflage 2021
edition suhrkamp 2770

Satz: Greiner & Reichel, Köln
Umschlag gestaltet nach einem Konzept von Willy Fleckhaus: Rolf Staudt
Druck: C. H. Beck, Nördlingen
Printed in Germany
ISBN 978-3-518-12770-4

Inhalt

Vorwort

Das Internet, Smartphones und soziale Medien haben schon jetzt grundlegend verändert, wie wir miteinander umgehen und die Welt erfahren. Was würde geschehen, wenn sich diese digitalen Technologien vom Display lösen und immer tiefer in die uns umgebende materielle Welt eindringen? Fortgeschrittene Industrierobotik, selbstfahrende Autos und Lkw sowie der Einsatz künstlicher Intelligenz in der Krebserkennung scheinen das Ende vieler Sorgen anzukündigen, wecken aber zugleich neue. Denn was würden *die Menschen* in einer weitgehend automatisierten Zukunft tun? Könnten wir unsere Institutionen an sie anpassen und in einem neuen Zeitalter intelligenter Maschinen den Traum von menschlicher Freiheit verwirklichen? Oder würde sich dieser Traum als Albtraum technologischer Massenarbeitslosigkeit entpuppen?

In zwei Aufsätzen, die 2019 in der *New Left Review* erschienen sind, habe ich einen neuen Automatisierungsdiskurs nachgezeichnet, an dem sich liberale, konservative wie auch linke Theoretiker beteiligen. Sie stellen genau solche Fragen und kommen zu einem provokanten Schluss: Die technologische Massenarbeitslosigkeit ziehe bereits herauf und lasse sich nur durch die Einführung eines bedingungslosen Grundeinkommens bewältigen, denn mit dem Lohneinkommen würden große Teile der Bevölkerung ihre Existenzgrundlage verlieren.

Im vorliegenden Buch vertrete ich die These, dass die Wiederkehr des Automatisierungsdiskurses in Reaktion auf eine reale, weltweit voranschreitende Tendenz erfolgt: Es gibt schlichtweg zu wenige Jobs. Dieser chronische Mangel an Nachfrage nach Arbeit zeigt sich in wirtschaftlichen Trends wie Konjunkturerholungen ohne Beschäftigungsaufbau, stagnierenden Löhnen und der Zunahme prekärer Arbeitsverhältnisse. Er tritt aber auch in politischen Phänomenen zutage, die eine wachsende Ungleichheit befeuert: in Populismus, Plutokratien und dem Aufstieg einer neuen digitalen Elite, die es auf künstliche Inseln im Meer zieht – und die lieber mit Raketen auf den Mars fliehen möchte, als das Los der digitalen Bauernschaft zu verbessern, die sie auf einem brennenden Planeten Erde zurückzulassen gedenkt.

Blickt man auf die Massen von Obdach- und Arbeitslosen im kalifornischen Oakland einerseits, die Roboter in der Tesla-Fabrik einige Kilometer weiter in Fremont andererseits, drängt sich der Eindruck auf, die Automatisierungstheoretiker müssten richtigliegen. Doch ihre Erklärung, der zufolge ein rasanter technischer Wandel Jobs vernichtet, ist einfach falsch. In den Vereinigten Staaten, der Europäischen Union und erst recht in Ländern wie Südafrika, Indien und Brasilien besteht tatsächlich eine anhaltende Unterbeschäftigung, aber ihre Ursache ist beinahe das Gegenteil dessen, was die Automatisierungstheoretiker anführen.

In Wirklichkeit beschleunigt sich das Wachstum der Arbeitsproduktivität nämlich nicht, sondern lässt nach. Das hätte die Nachfrage nach Arbeit eigentlich steigern sollen, wurde jedoch von einem anderen, folgenreicheren Trend überschattet: Eine zuerst von dem marxistischen Ökonomen Robert Brenner als »langer Abschwung« analysierte Entwicklung – von Mainstream-Ökonomen verspätet als »säkulare Stagnation« oder »Japanisierung« zur Kenntnis genommen – hat das Wachstum von Volkswirtschaften zunehmend gedrosselt. Die Ursache dafür? Seit Jahrzehnten bestehende Überkapazitäten haben den industriellen Wachstumsmotor zerstört, und eine Alternative zu ihm wurde bislang nicht gefunden – am allerwenigsten im Dienstleistungssektor, wo die Beschäftigung nur langsam wächst und der von niedriger Produktivität gekennzeichnet ist.

Mit dem Wachstum der Wirtschaft verlangsamt sich auch das der Beschäftigung, und ebendies – nicht der technologische Wandel – hat die Nachfrage nach Arbeit weltweit gedämpft. Setzt man die Spezialbrille auf, mit der die Hauptfigur in John Carpenters Film *Sie leben* die Wahrheit hinter den Reklametafeln sehen kann, erkennt man heute leicht eine Welt, die nicht geprägt ist von neuen sauberen, automatisierten Fabriken und Tischtennis spielenden Konsumrobotern, sondern von maroder Infrastruktur und deindustrialisierten Städten, überarbeiteten Pflegekräften und unterbezahlten Verkäuferinnen sowie von einer gewaltigen Aufstauung finanzialisierten Kapitals, das immer weniger Anlagemöglichkeiten findet.

Zur Belebung einer stagnierenden Wirtschaft setzen Regierungen seit fast einem halben Jahrhundert auf Ausgabenkürzungen, unter deren Folgen – unterfinanzierte Schulen, überfüllte Krankenhäuser, heruntergewirtschaftete öffentliche Transportsysteme und Einschnitte in Sozialprogramme – die Bevölkerung zu leiden hat. Gleichzeitig haben sich Staaten, Unternehmen und Privathaushalte angesichts extrem niedriger Zinsen in Rekordhöhe verschuldet. Nicht um in unsere digitale Zukunft zu investieren, wie Alan Greenspan, damals Vorsitzender der US-Notenbank Federal Reserve, mitten in der IT-Blase der späten neunziger Jahre meinte. Vielmehr reichten Firmen das Geld an ihre Aktionäre weiter, während ärmere Haushalte sich mit Krediten über Wasser zu halten hofften.

Aufgrund dieser Trends befindet sich die Weltwirtschaft heute in ausgesprochen schlechter Verfassung, während sie vor einer ihrer größten Herausforderungen steht: der Corona-Rezession. Kaputtgesparte Gesundheitssysteme hatten mit einem Ansturm von Patienten zu kämpfen, aufgrund von Schulschließungen fehlte es vielen Kindern auch an Grundmahlzeiten (und Eltern an dringend benötigter Kinderbetreuung). Unterdessen bricht die Wirtschaft ein. Hochverschuldete Unternehmen sahen ihre Aktienkurse zumindest zu Beginn der Rezession in einem Tempo abstürzen wie zuletzt während der 1929 einsetzenden Weltwirtschaftskrise. Die Arbeitslosigkeit ist weltweit signifikant gestiegen, in den Vereinigten Staaten sogar in astronomische Höhen, sodass erhebliche Teile der Bevölkerung nicht in der Lage sind, das Geld für Essen, medizinische Versorgung oder das Dach über ihrem Kopf aufzubringen. Trotz umfangreicher geld- und fiskalpolitischer Konjunkturmaßnahmen dürften sich schwache Wirtschaften von dem Schock so schnell nicht erholen. Es ist absehbar, dass die Corona-Rezession den bereits seit geraumer Zeit wirkenden Trend zu wachsender ökonomischer Unsicherheit und Ungleichheit langfristig noch beschleunigen wird.

Genau deshalb ist die Auseinandersetzung mit dem aktuellen Automatisierungsdiskurs so wichtig: Er hält unserer dystopischen Welt eine utopische Antwort entgegen. Setzen wir Carpenters Spezialbrille einen Moment ab und kehren wir in die Phantasiewelt zurück, in der die Vertreter dieses Diskurses leben. In ihr arbeiten wir alle weniger (wie die Leidtragenden der aktuellen Rezession) und haben trotzdem alles, was wir brauchen; wir verbringen mehr Zeit mit der Familie (aber nicht, weil wir uns zuhause isolieren müssten); Senioren joggen in neuartigen Exoskelett-Trainingsanzügen durch die Parks (statt im Krankenhaus zu sterben); die Luft ist wieder sauber, weil wir zügig auf erneuerbare Energien umgestiegen sind (und nicht aufgrund von Fabrikschließungen und weniger Autoverkehr).

Mit Ausnahme der Trainingsanzüge ist all das schon heute möglich, wenn wir dafür kämpfen. Selbst wenn sich die Automatisierung der Produktion als unmöglich erweisen sollte, können wir die von ihren Theoretikern heraufbeschworene Welt ohne Mangel schaffen.

Mein Interesse an dem Thema speist sich aus zwei unterschiedlichen Quellen; eine reicht tiefer in die Vergangenheit zurück, die andere ist neueren Ursprungs. Wie viele Automatisierungstheoretiker bin ich in den achtziger und neunziger Jahren mit Science-Fiction-Romanen aufgewachsen und verfolgte im Fernsehen, wie die kommunistischen Raumfahrer in *Star Trek – The Next Generation* die Galaxie durchqueren. Dieses Faible hatte mein Vater bei mir geweckt, der selbst auf dem Gebiet der Automatisierung forschte. Wie viele seiner Kollegen hatte er eine akademische Laufbahn aufgegeben, um sein Glück in der Start-up-Szene der neunziger Jahre zu versuchen. Manche machten damals ein kleines Vermögen, die große Mehrheit indessen nicht: Die meisten Internet-Start-ups gingen pleite, ihren überarbeiteten Programmierern blieb am Ende wenig für die ganze Mühe. Jeden Sommer absolvierte ich in den High-School-Ferien in einer anderen Firma ein Praktikum bei meinem Vater, programmierte mit HTML und Javascript – und kam zu dem Schluss, dass die IT-Branche wenig Aussicht auf Erfüllung bietet. Stattdessen widmete ich mich einem Studium der Geschichte von Wirtschaftswachstum und Arbeitslosigkeit, den beiden Triebkräften, die über Prosperität und Unsicherheit in der heutigen Wirtschaft entscheiden.

Im Gefolge der Krise von 2008 beteiligte ich mich an den damaligen sozialen Bewegungen und versuchte die dabei gemachten Erfahrungen in Diskussionen und gemeinsamen Projekten mit anderen Mitgliedern der Zeitschrift *Endnotes* zu verarbeiten. Unsere kollektiv verfassten, nicht namentlich gezeichneten Texte haben die Analyse auf den folgenden Seiten stark beeinflusst. Durch die Begegnung mit zwei Kritikern unserer Bemühungen – Nick Srnicek und Alex Williams, deren Buch *Die Zukunft erfinden* (2016) ein prominentes Beispiel für den linken Strang im Automatisierungsdiskurs darstellt – lernte ich das geistige Biotop kennen, das die Automatisierungstheoretiker bevölkern; sie ließ die Science-Fiction-Begeisterung meiner Kindheit wieder aufleben und änderte zugleich mein Verständnis der Zukunft.

Als ich ein Buch nach dem anderen zum Thema las, wobei Ausflüge in die ältere utopische Literatur und die Science-Fiction eine stetig wachsende Lektüreliste ergänzten, wuchs in mir die Überzeugung, dass die Automatisierungstheoretiker zusammen mehr dafür getan haben, die Organisationslogik einer postkapitalistischen Gesellschaft zu durchdenken und mögliche Wege in eine Welt ohne Mangel auszuloten, als alle anderen mir bekannten Autorinnen. Auch wenn ich mit ihrer Gegenwartsanalyse nicht einverstanden war, meinte ich durch die Auseinandersetzung mit ihrer Zukunftsvision meine eigene, im Vergleich zu ihrer noch in denkbar trübstem Grau gehaltene ausarbeiten zu können. Auf den folgenden Seiten untersuche ich Möglichkeiten, eine materiell befriedete Gesellschaft auch ohne vollautomatisierte Produktion zu erreichen – indem wir uns die weiterhin anfallende Arbeit so teilen, dass sie wieder mit Würde, Autonomie und Sinn vereinbar wird, aber nicht den Mittelpunkt unseres gesellschaftlichen Lebens bildet.

Im Zuge einer Darstellung und Kritik des Automatisierungsdiskurses skizziere ich die Geschichte der Weltwirtschaft und der globalen Beschäftigung in den letzten fünfzig Jahren, wobei Ursprünge und Entwicklung der heutigen chronisch schwachen Nachfrage nach Arbeit im Zentrum stehen. Danach erörtere ich die zur Behebung dieses Marktversagens angebotenen politischen Alternativen – neoliberale Strukturanpassung, keynesianische Nachfragesteuerung und bedingungsloses Grundeinkommen – und skizziere eine Welt jenseits des Mangels, an der man sie messen sollte.

Die Arbeit am vorliegenden Buch hat mich in der Überzeugung bestärkt, dass die Wende zu einer humaneren Zukunft von der massenhaften Weigerung arbeitender Menschen abhängen wird, den stetig sinkenden Bedarf an ihrer Arbeitskraft und die daraus folgende wachsende wirtschaftliche Ungleichheit hinzunehmen. Schon vor der Corona-Rezession sind rund um den Globus immer heftigere Kämpfe gegen diese Entwicklungen entbrannt und kürzlich erneut aufgeflammt. Wir müssen in die daraus hervorgehenden Bewegungen eintauchen und dazu beitragen, sie voranzutreiben. Scheitern sie, dann ist das Beste, was wir erreichen können, vielleicht geringfügig höhere Sozialleistungen in Form des bedingungslosen Grundeinkommens – ein Modell, das Regierungen zurzeit als Antwort auf die Rezession ausprobieren. Kämpfen sollten wir aber nicht für dieses bescheidene soziale Ziel, sondern für eine Welt, in der niemand Mangel leidet.

Ohne die Unterstützung und Freundschaft vieler Menschen hätte ich das vorliegende Buch nicht schreiben können. Nennen möchte ich Perry Anderson, Arielle Angel, Elyse Arkind, Marc Arkind, Mia Beach, Dan Benanav, Ethan Benanav, Mandy Benanav, Jasper Bernes, Mårten Björk, Jan Breman, J. Dakota Brown, Jonny Bunning, Paul Cheney, Christopher Chitty (†), Joshua Clover, Chiara Cordelli, Oliver Cussen, Daniel Denvir, Andreas Eckert, Hugh Farrell, Adom Getachew, Maya Gonzalez, Daragh Grant, Lee Harris, Gary Herrigel, Joel Isaac, Felix Kurz, Rachel Kushner, Natalie Leonard, Jonathan Levy, Marcel van der Linden, Rob Lucas, Neil Maclean, Henry Mulheim, Jeanne Neton, Mary Ellen O'Brien, Chris O'Kane, Moishe Postone (†), Thea Riafrancos, Pavlos Roufos, Bill Sewell, Jason Smith, Maureen Smyth, Juliana Spahr, Zöe Sutherland, Ben Tarnoff, Sarah Watlington, Suzi Weissman, Björn Westergard, Gabriel Winant und Daniel Zamora sowie die Teilnehmer des »History and Theory of Capitalism Workshop« und des »Society of Fellows Workshop« an der University of Chicago.[1]

Mein besonderer Dank gilt Chloe Benanav, Robert Brenner, John Clegg und Charlotte Robertson, die mich beim Forschen und Schreiben durchgehend unterstützt haben. Und schließlich danke ich meinen Redakteurinnen und Lektoren bei der *New Left Review* – Susan Watkins, Tom Hazeldine, Emma Fajgenbaum und Lola Seaton – und beim Verso-Verlag – Tom Hazeldine (nochmals), Duncan Ranselm und Samuel Stein. Besonders verbunden bin ich Tom, der das Projekt mit einem gestrafften Zeitplan vorangetrieben hat, obwohl die Welt gerade kopfstand.

Dieses Buch ist meiner Frau Chloe gewidmet, mit der ich vom guten Leben kosten konnte.

Aaron Benanav
Berlin, Februar 2021

1. Der Automatisierungsdiskurs

Die rasanten Fortschritte bei der Entwicklung von künstlicher Intelligenz, maschinellem Lernen und in der Robotik scheinen kurz davorzustehen, die Arbeitswelt tiefgreifend zu verändern. Unternehmen wie Tesla wollen in den modernsten Fabriken der Welt auf die Beleuchtung verzichten, denn vollautomatische Produktionsabläufe, die keine menschliche Arbeitskraft mehr benötigen, funktionieren auch im Dunkeln. In grell erleuchteten Messehallen werden unterdessen Roboter präsentiert, die Tischtennis spielen, Kochen, Sex haben und sogar Gespräche führen können. Computer entwerfen heute nicht nur neue Strategien für das Spiel Go, sondern komponieren angeblich auch Sinfonien, die das Publikum zu Tränen rühren sollen. In weiße Laborkittel oder virtuelle Anzüge gekleidet, lernen sie, Krebserkrankungen zu erkennen, und werden schon bald Strategien für Rechtsanwälte ausarbeiten. Durch die USA rollen bereits fahrerlose Trucks, Roboterhunde befördern Militärgerät durch wüste Ebenen. Leben wir in den letzten Tagen menschlicher Plackerei? Stehen wir, wie der amerikanische Science-Fiction-Autor Edward Bellamy formulierte, vor der Aufhebung »des Gesetzes, das den Garten Eden regierte«, weil die Menschen – oder zumindest die reichsten – gottgleich werden?[1]

Es gibt viele Gründe für Skepsis gegenüber diesem Hype. Zunächst einmal scheitern Maschinen bis heute auf geradezu komische Weise daran, eine Tür zu öffnen oder Wäsche zu falten (was sehr bedauerlich ist); Roboter, die im Shopping-Center für Sicherheit sorgen sollen, stürzen sich stattdessen in den nächsten Brunnen. Digitale Assistenten können zwar Fragen beantworten und Dokumente übersetzen, aber nicht gut genug, um ohne menschliche Hilfe auszukommen; dasselbe gilt für fahrerlose Autos.[2] Als 2014 eine Bewegung in den Vereinigten Staaten die Erhöhung des nationalen Mindestlohns auf 15 Dollar forderte, tauchten in San Francisco Plakatwände mit der Warnung auf, durch ein solches Gesetz würden die Beschäftigten von Fast-Food-Ketten arbeitslos und Touchscreens ihre Jobs übernehmen. Das *Wall Street Journal* sprach von einem »Gesetzentwurf für die Einstellung von Robotern«. In Europa arbeiten viele Fast-Food-Beschäftigte aber bereits Seite an Seite mit Touchscreens und verdienen häufig mehr als ihre amerikanischen Kollegen.[3] Ist die ganze Aufregung um die Automatisierung vielleicht übertrieben?

Die Schauergeschichten, die Zeitungen und Magazine zum Thema verbreiten, sind leeres Gerede. Im Lauf der letzten Dekade hat sich jedoch eine einflussreiche sozialwissenschaftliche Theorie entwickelt, die dem eigenen Anspruch nach nicht nur neue Technologien analysiert und deren Zukunft vorhersagt, sondern auch die Folgen des technologischen Wandels für die Gesellschaft insgesamt erforscht. Dieser Automatisierungsdiskurs beruht auf vier Kernaussagen. Erstens werden Arbeiter ihm zufolge schon heute von immer höher entwickelten Maschinen verdrängt, was zu einer steigenden »technologischen Arbeitslosigkeit« führe. Zweitens sei diese Verdrängung ein untrügliches Anzeichen dafür, dass wir an der Schwelle zu einer weitgehend automatisierten Gesellschaft stehen, in der autonome Maschinen und intelligente Computer beinahe die gesamte Arbeit übernehmen. Drittens könne die Automatisierung zwar grundsätzlich die Menschheit von Mühsal befreien, in unserer Gesellschaft seien die meisten jedoch auf Arbeit angewiesen, um ihren Lebensunterhalt bestreiten zu können, weshalb sich ein solcher Traum durchaus als Albtraum erweisen könne.[4] Viertens lasse sich daher eine katastrophale Massenarbeitslosigkeit – wie sie 2020, wenn auch aus ganz anderen Gründen, in den Vereinigten Staaten um sich griff – nur durch die Einführung eines bedingungslosen Grundeinkommens (BGE) abwenden, das die Einkommenshöhe von der individuell geleisteten Arbeit entkoppeln würde.

Die Maschinen kommen

Verbreitet wird dieser Automatisierungsdiskurs vor allem von Autoren, die sich als Zukunftsforscher verstehen. In ihrem viel beachteten Buch *The Second Machine Age* behaupten Erik Brynjolfsson und Andrew McAfee, wir stünden »an einem Wendepunkt«, da durch rasante Entwicklungen »viele Technologien, die es früher nur in Science-Fiction-Storys gab, alltägliche Realität werden«. Dies verspreche zwar eine »beispiellose Fülle«, jedoch gebe es, so ihre Warnung, »kein wirtschaftliches Gesetz, das besagt, dass Arbeitnehmer ausnahmslos oder auch nur mehrheitlich von diesem Fortschritt profitieren«. Im Gegenteil: Da mit der Einführung neuer Technologien die Nachfrage nach Arbeit sinke, stagnierten die Löhne; ein immer größerer Teil des jährlichen Gesamteinkommens fließe an das Kapital und nicht an die Beschäftigten. Das habe eine wachsende Ungleichheit zur Folge, die »unseren Weg ins zweite Maschinenzeitalter verlangsamen könnte«; wenn bloße Rentenabschöpfung weitere technologische Innovationen blockiert, drohe ein »Versagen des Kapitalismus«.[5] Ähnlich behauptet Martin Ford in *Aufstieg der Roboter*, wir steuerten »auf einen Wendepunkt zu«, nach dem »letztlich die komplette Wirtschaft weniger arbeitsintensiv« sein werde. Auch für Ford ist »kein Langzeitszenario [...] so angsteinflößend wie das, bei dem sich das globale Wirtschaftssystem an die neue Realität anpasst«, denn dadurch entstünde ein »automatisierter Feudalismus«, in dem »die ›Bauern‹ größtenteils überflüssig« wären und die Eliten unempfänglich für wirtschaftliche Forderungen.[6] Bildung und Umschulung werden laut diesen Autoren in einer automatisierten Wirtschaft nicht ausreichen, um die Beschäftigung zu stabilisieren. In irgendeiner Form, zum Beispiel durch eine negative Einkommenssteuer, müsse ein garantiertes Einkommen unabhängig vom Lohn eingeführt werden.[7]

Begeisterte Aufnahme hat der Automatisierungsdiskurs bei der betont leger gekleideten Elite des Silicon Valley gefunden. Bill Gates plädiert für eine Robotersteuer. Mark Zuckerberg riet Erstsemestern an der Harvard University, »über Ideen wie das Grundeinkommen nachzudenken«, eine politische Maßnahme, von der auch Elon Musk glaubt, sie werde sich als immer »notwendiger« erweisen, da sich die Menschen in mehr und mehr Jobs nicht gegen die Konkurrenz von Robotern behaupten können.[8] Den unbemannten schwimmenden Landeplattformen seines SpaceX-Programms gab Musk Namen wie »Of Course I Still Love You« und »Just Read the Instructions« – nach Raumschiffen in Iain M. Banks' *Kultur*-Zyklus. Banks schildert in seinen zwiespältig utopischen Science-Fiction-Romanen eine Welt jenseits des Mangels, in der Menschen an der Seite intelligenter Roboter, den »Gehirnen«, ein erfülltes Leben führen und weder Märkte noch Staaten brauchen.[9]

Auch Politiker und ihre Beraterinnen haben sich den Automatisierungsdiskurs zu eigen gemacht, der den Blick in unsere »digitale Zukunft« mittlerweile maßgeblich prägt. So erklärte Barack Obama in seiner Abschiedsrede als Präsident, die »nächste Welle des wirtschaftlichen Umbruchs« werde nicht vom Welthandel ausgehen, sondern »durch das unerbittliche Tempo der Automatisierung ausgelöst werden, die viele gute Mittelschichtsarbeitsplätze überflüssig macht«. Robert Reich, ehemals Arbeitsminister unter Bill Clinton, äußerte ähnliche Befürchtungen: Wir kämen bald an den Punkt, »an dem die Technologie so viele Jobs beseitigt – nicht nur einfache Tätigkeiten, sondern auch akademische Berufe –, dass wir die Idee eines allgemeinen Grundeinkommens ernst nehmen müssen«. Clintons ehemaliger Finanzminister Lawrence Summers räumte ebenfalls ein, vormals »dumme« Ideen über technologische Arbeitslosigkeit schienen heute angesichts stagnierender Löhne und wachsender ökonomischer Ungleichheit immer vernünftiger. Im Jahr 2020 wurde der Diskurs sogar zur Grundlage einer (wenngleich recht aussichtslosen) US-Präsidentschaftskandidatur: Andrew Yang, unter Obama »Botschafter für Globales Unternehmertum« und mit *The War on Normal People* selbst Verfasser eines Buchs zum Thema, führte unter dem Slogan »Humanity First« einen futuristischen Wahlkampf, der das BGE erstmals seit zwei Generationen wieder auf die Tagesordnung der US-Politik setzte. Zu Yangs Unterstützern zählte mit Andy Stern ein ehemaliger Vorsitzender der Dienstleistungsgewerkschaft Service Employees International Union, dessen Buch *Raising the Floor* ein weiteres Beispiel für den Diskurs bietet.[10]

Yang und Stern versichern ihren Leserinnen zwar wie alle genannten Autoren unermüdlich, der Kapitalismus werde in irgendeiner Form fortbestehen, selbst wenn man sich von den Arbeitsmärkten verabschieden müsse. Gleichzeitig bekennen sie sich zum Einfluss dezidierter Linker auf ihr Denken, die eine radikalere Version des Automatisierungsdiskurses vertreten. So erklären etwa Nick Srnicek und Alex Williams in *Die Zukunft erfinden*, die jüngste Welle der Automatisierung stehe »im Begriff, die Beschäftigungsanteile erneut drastisch zu verändern«, da sie »praktisch alle Ausschnitte der Wirtschaft« erfasse, allerdings sei nur eine sozialistische Regierung in der Lage, das Versprechen der Vollautomatisierung einzulösen und eine Gesellschaft jenseits von Arbeit und Mangel zu schaffen.[11] Peter Frase untersucht in seinem Buch *Four Futures* aufschlussreich die verschiedenen Gestalten, die eine solche Gesellschaft annehmen könnte – je nachdem, ob das Privateigentum weiterbesteht und ob Ressourcen knapp sind, was ihm zufolge beides weiter der Fall sein kann, auch wenn Arbeitskraft im Überfluss vorhanden ist.[12]

Wie die liberalen Vertreter des Automatisierungsdiskurses betonen auch diese linken Autoren, der mit dem »Abschied von der Arbeitsgesellschaft« mögliche Fortschritt sei keineswegs »unausweichlich«, selbst wenn sich eine hochentwickelte Robotik durchsetzen sollte.[13] Srnicek, Williams und Frase befürworten alle das BGE, allerdings in einer linken Version. Sie verstehen es als Brücke zum »vollautomatisierten Luxus-Kommunismus«, eine Formel, die Aaron Bastani 2014 prägte, um ein mögliches Ziel sozialistischer Politik zu benennen. Sie hatte sich bereits zu einem Meme entwickelt, als er fünf Jahre später, in seinem Buch *Fully Automated Luxury Communism*, den Entwurf einer automatisierten Zukunft vorlegte, in der künstliche Intelligenz, Solarenergie, Gentechnik, Weltraumbergbau und Fleisch aus der Petrischale eine Welt grenzenloser Freizeit und Selbsterfindung ermöglichen.[14] Es bietet ein dringend nötiges Gegengewicht zur linken Rhetorik kollektiver Selbstaufopferung und asketischer Konsumfeindlichkeit.

Wiederkehrende Ängste

Solche futuristischen Vorstellungen, die aus dem gesamten politischen Spektrum vorgebracht werden, beruhen durchweg auf derselben Prognose über den weiteren Verlauf des technologischen Wandels. Im Zuge der Corona-Rezession hat sich die für den Automatisierungsdiskurs kennzeichnende Gewissheit nur noch verstärkt. Obwohl technologische Veränderungen – jedenfalls diesmal – nicht die Ursache für Arbeitsplatzverluste sind, gehen die Automatisierungstheoretiker davon aus, dass die Ausbreitung der Pandemie den Übergang in eine stärker automatisierte Zukunft beschleunigen werde: Die weggefallenen Jobs seien unwiederbringlich verloren, denn anders als ihre menschlichen Pendants können Koch-, Putz- oder Pflegeroboter weder sich selbst noch andere mit COVID-19 infizieren.[15] Liegen sie damit richtig?

Zur Beantwortung der Frage sind einige Definitionen hilfreich. Automatisierung lässt sich von anderen arbeitssparenden technischen Innovationen dadurch unterscheiden, dass sie menschliche Arbeit *vollständig ersetzt.* Bei produktionssteigernden Technologien bleiben die entsprechenden Jobs erhalten, aber jede einzelne Arbeitskraft stellt mehr her. Neue Maschinen können zum Beispiel die Fließbandarbeit in einer Autofabrik effizienter machen, ohne sie als solche abzuschaffen; nur werden weniger Menschen gebraucht, um dieselbe Zahl von Autos herzustellen. Ob Arbeitsplätze vernichtet werden, hängt davon ab, was schneller wächst: die Produktivität oder der Output. Im ersten Fall – der, wie wir sehen werden, sehr häufig auftritt – gehen auch ohne Automatisierung Jobs verloren. Wirkliche Automatisierung dagegen liegt dort vor, wo es wie in Kurt Vonneguts Roman *Das höllische System* heißt: »Unsere Stellenbeschreibung ist gestrichen worden. Zack!«[16] Telefonistinnen oder Stahlarbeiter, die ihren Werkstoff mit der Zange in die Walze schieben, wird es nie wieder geben, wie sehr die Produktion auch steigen mag. Solche Arbeiten wurden durch Maschinen vollständig ersetzt.

Dass sich die Debatte über die Zukunft der Automatisierung am Arbeitsplatz oft um die Frage dreht, ob bereits existierende und demnächst zu erwartende Technologien Arbeitskräfte ersetzen oder lediglich deren Produktivität steigern, ist allerdings wenig hilfreich, denn beide Arten von technologischem Wandel lassen sich schwerer unterscheiden, als es zunächst scheinen könnte. Wenn eine Einzelhändlerin vier Selbstbedienungskassen aufstellt, die nur noch von einer gelegentlich eingreifenden Person beaufsichtigt werden – schafft sie dann den Beruf des Kassierers ab, oder ist nun einfach jeder Kassierer für drei zusätzliche Kassen zuständig? Eine häufig zitierte Studie der Oxford University kommt zu dem drastischen Ergebnis, dass 47 Prozent der Berufe in den Vereinigten Staaten einem hohen Risiko von Automatisierung ausgesetzt sind. Eine neuere Untersuchung der OECD sieht 14 Prozent der Berufe in Gefahr und 32 Prozent vor einschneidenden Veränderungen der Arbeitsabläufe – aufgrund von Innovationen, die menschliche Arbeit produktiver machen, aber nicht ersetzen.[17]

Letztlich ist bei beiden Formen von technologischem Wandel davon auszugehen, dass viele Menschen ihren Job verlieren. Selbst bei den drastischsten Prognosen ist allerdings unklar, ob sich gerade ein qualitativer Bruch mit der Vergangenheit ereignet. Denn auch »57 Prozent der Berufe, die Arbeiter in den sechziger Jahren ausgeübt haben«, existieren heute laut einer Studie nicht mehr.[18] Neben anderen Formen von technischer Veränderung hat Automatisierung schon immer dafür gesorgt, dass Arbeitsplätze verschwunden sind. Mir geht es hier nicht um die Frage, ob neue Automatisierungstechnologien auch in Zukunft Jobs vernichten werden (das werden sie zweifellos), sondern ob diese Technologien – fortgeschrittene Robotik, künstliche Intelligenz, maschinelles Lernen – den Stellenabbau derart beschleunigt und die Entstehung neuer Jobs derart gebremst haben, dass bereits heute eine wachsende Zahl von Menschen dauerhaft arbeitslos ist.

Falls ja, wäre die normale Funktionsweise kapitalistischer Ökonomien vollständig außer Kraft gesetzt. Diese

Erkenntnis, auf der die Automatisierungstheorie beruht, hat am prägnantesten der Wirtschaftsnobelpreisträger Wassily Leontief formuliert. Die »effektive Durchsetzung des automatischen Preismechanismus«, erklärte er 1983, hänge »entscheidend« von einer Eigentümlichkeit moderner Technologie ab: Obwohl sie »eine beispiellose Steigerung des Gesamtoutputs« bewirke, habe sie »die dominierende Rolle der menschlichen Arbeit in den meisten Arten von Produktionsprozessen gestärkt«.[19] Anders formuliert: Technologie hat Arbeiter produktiver, aber nicht Arbeit überflüssig gemacht. Da Arbeiter weiter einen Lohn bekommen, geht von ihnen eine effektive Nachfrage nach Gütern aus. Diese fragile Klammer, die kapitalistische Gesellschaften zusammenhält, kann ein technologischer Durchbruch jederzeit zerstören. Eine universell einsetzbare künstliche Intelligenz zum Beispiel könnte auf einen Schlag zahlreiche Berufe überflüssig machen, womit Arbeitskraft in großem Umfang selbst zu niedrigsten Preisen unverkäuflich würde. Damit wären dem Markt Informationen über die Bedürfnisse großer Bevölkerungsteile entzogen und seine Mechanismen unwirksam geworden. Ausgehend von diesem Gedanken – und in der Überzeugung, dass ein solcher Durchbruch heute gegeben ist – argumentieren Automatisierungstheoretiker häufig, dass der Kapitalismus eine nur vorübergehende Produktionsweise sein könne, die einer neuen, nicht mehr auf Lohnarbeit und monetärem Gütertausch beruhenden Form von gesellschaftlichem Leben weichen werde.[20]

Automatisierung mag eine Konstante in kapitalistischen Gesellschaften sein. Nicht so die Theorie eines bevorstehenden Zeitalters der Automatisierung, die bestimmte technologische Veränderungen zum Bild einer umfassenden gesellschaftlichen Transformation verallgemeinert. Sie tritt im Gegenteil nur periodisch auf.

Die Begeisterung über den Anbruch einer solchen Ära lässt sich mindestens bis in die erste Hälfte des 19. Jahrhunderts zurückverfolgen: 1832 veröffentlichte Charles Babbage *On the Economy of Machinery and Manufactures*, 1833 John Adolphus Etzler *The Paradise within the Reach of All Men, without Labour* und 1835 Andrew Ure *The Philosophy of Manufactures*. Alle drei Bücher prophezeiten die baldige Entstehung weitgehend oder vollständig automatisierter Fabriken, betrieben mit minimaler oder rein beaufsichtigender menschlicher Arbeit. Dieses Zukunftsbild hatte starken Einfluss auf Karl Marx, der in *Das Kapital* argumentierte, ein komplexes Gefüge aus interagierenden Maschinen sei dabei, die Arbeit aus dem Zentrum des Wirtschaftslebens zu verdrängen.[21]

Solche Visionen automatisierter Fabriken kehrten in den dreißiger, fünfziger und achtziger Jahren des 20. Jahrhunderts wieder und erhielten schließlich in der zweiten Dekade des 21. Jahrhunderts erneut Auftrieb. Begleitet oder wenig später gefolgt waren sie jedes Mal von Prognosen eines bevorstehenden Zeitalters »von katastrophaler Arbeitslosigkeit und sozialem Zusammenbruch«, das nur durch eine andere Einrichtung der Gesellschaft abzuwenden sei.[22] Auf die regelmäßige Wiederkehr des Diskurses hinzuweisen bedeutet nicht, die mit ihm verbundenen gesellschaftlichen Visionen abzutun. Zum einen könnten die prognostizierten technologischen Durchbrüche jederzeit noch eintreten. Nur weil solche Vorhersagen in der Vergangenheit falsch waren, müssen sie es nicht auch künftig sein. Wichtiger ist allerdings, dass sie zweifellos neue soziale Vorstellungen gefördert haben: Sie verweisen auf bestimmte utopische Möglichkeiten, die in kapitalistischen Gesellschaften latent vorhanden sind. Tatsächlich waren einige der visionärsten Sozialisten des 20. Jahrhunderts – etwa Herbert Marcuse, James Boggs und André Gorz – Vertreter der Automatisierungstheorie oder zumindest von ihr beeinflusst.

Angesichts ihrer periodischen Wiederkehr lässt sich diese Theorie als ein Diskurs verstehen, den kapitalistische Gesellschaften aus strukturellen wie kontingenten Gründen immer wieder spontan hervorbringen, weil er ein Nachdenken über ihre eigenen Grenzen erlaubt. Was sie regelmäßig auf den Plan ruft, ist eine starke Beunruhigung über die Dynamik des Arbeitsmarktes: Es gibt schlichtweg zu wenige Jobs. Warum kann der Markt so vielen Arbeitssuchenden keine Beschäftigung bieten, obwohl sie darauf angewiesen sind? Vertreter des Automatisierungsdiskurses erklären das Problem mit einem unaufhaltsamen technologischen Wandel.[23]

Zu wenige Jobs

Wenn dieser Diskurs heute erneut ein breites Echo findet, dann weil die vermeintlichen Folgen der Automatisierung allgegenwärtig sind: Der globale Kapitalismus steckt tatsächlich in einer Beschäftigungskrise. Es besteht, mit anderen Worten, eine anhaltend schwache Nachfrage nach Arbeitskraft, die in den Arbeitslosenstatistiken nicht angemessen abgebildet wird.[24] Sie schlägt sich zwar im steileren Anstieg der Arbeitslosenzahlen bei Rezessionen nieder, wie 2020 im Zuge der Corona-Pandemie, und in Konjunkturerholungen mit immer geringerem Beschäftigungsaufbau – ein Phänomen, das sich vermutlich nach der Corona-Krise wiederholen wird.[25] Aber sie ist auch an einem Trend ablesbar, der die Lohnabhängigen allgemeiner betrifft: Ihr Anteil am jährlichen Gesamteinkommen, die Lohnquote, nimmt gegenüber den Gewinnen ab.[26] Lange Zeit konnten Mainstream-Ökonomen eine stabile Lohnquote als Ausdruck eines Wirtschaftswachstums darstellen, dessen Früchte breit verteilt würden. Seit Jahrzehnten nimmt der Wert in den G7-Ländern jedoch ab, obwohl die »Investitionen in das Humankapital«, von denen Ökonomen sprechen, gesündere und besser ausgebildete Arbeitskräfte hervorgebracht haben (siehe Abb. 1.1).

Solche Verschiebungen zeigen eine drastische Schwächung der Verhandlungsmacht von Lohnabhängigen an. Und als Einzelne waren diese in der Regel mit einer noch härteren Realität konfrontiert, als die entsprechenden Statistiken vermuten lassen, denn Lohnzuwächse entfielen zunehmend auf die Spitzenverdiener, das berüchtigte »1 Prozent«. Nicht nur die Kluft zwischen den durchschnittlichen Wachstumsraten von Arbeitsproduktivität und Löhnen ist größer geworden und hat zu einer sinkenden Lohnquote geführt, sondern auch die zwischen Durchschnitts- und Medianlöhnen: Das Einkommen aus Arbeit verlagert sich von den in der Produktion und ohne Aufsichtsfunktion Tätigen immer stärker hin zu Managern und Geschäftsführern. Im Ergebnis fällt die Teilhabe am Wirtschaftswachstum für viele Lohnabhängige immer spärlicher aus (siehe Abb. 1.2).[27] Unter solchen

Bedingungen ist die wachsende ökonomische Ungleichheit nur noch durch effektive Umverteilungsprogramme einzudämmen; gleichzeitig ist die gesellschaftliche Solidarität erodiert.[28] Selbst Kritiker des Automatisierungsdiskurses wie die Ökonomen David Autor und Robert J. Gordon zeigen sich angesichts solcher Trends irritiert: Wenn die Nachfrage nach Arbeit derart schwach ist, muss in der Wirtschaft etwas schieflaufen.[29]

Resultiert das Problem aus einem immer schnelleren technologischen Wandel, wie die Vertreter der Automatisierungstheorie behaupten? Indem ich das bestreite, schließe ich mich im Folgenden ihren Kritikern an, werde dabei aber auch diese kritisieren, denn zum einen gelten ihre Erklärungen für die Beschäftigungskrise nur für Länder mit hohem Einkommensniveau, zum anderen haben sie keinerlei Entwurf einer radikalen gesellschaftlichen Veränderung anzubieten, der dem Ausmaß eines Problems gerecht würde, unter dem die Weltwirtschaft seit Langem leidet und das sich in den kommenden Jahren infolge der Corona-Pandemie noch verschärfen dürfte. Deshalb sei gleich zu Anfang gesagt, dass ich für die linken Vertreter des Diskurses mehr Sympathien hege als für irgendeinen seiner Kritiker.

Auch wenn sich ihr Erklärungsansatz als verfehlt erweist, haben die Automatisierungstheoretiker immerhin auf das reale Problem einer anhaltend schwachen Nachfrage nach Arbeitskraft hingewiesen. Zudem zeichnet sie ihr Bemühen aus, Lösungen für dieses Problem zu finden, die im weitesten Sinne emanzipatorisch sind. Die Automatisierungstheoretiker sind die Utopisten unseres spätkapitalistischen Zeitalters.[30] Während die Welt durch eine globale Pandemie, wachsende Ungleichheit, hartnäcki-

Abb. 1.1: Lohnquote in den G7-Staaten (1980-2015)

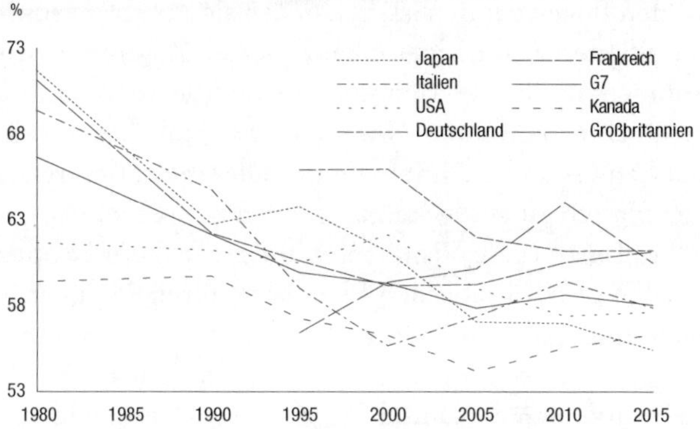

Quelle: OECD, »Compendium of Productivity Indicators« (2017), Kap. 1, Abb. 1.8, online verfügbar unter: {https://read.oecd-ilibrary.org/economics/oecd-compendium-of-productivity-indicators-2017_pdtvy-2017-en#page1} (Stand Februar 2021).

Abb. 1.2: Kluft zwischen Produktivität und Löhnen in den OECD-Ländern (1995-2013)

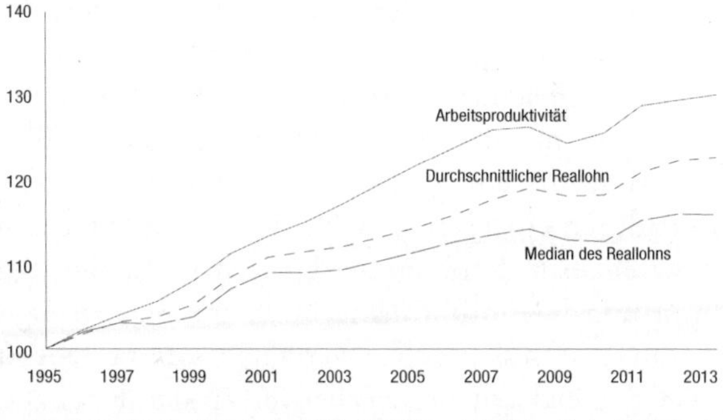

Anmerkung: 1995 = 100. Gewichteter Durchschnitt der Beschäftigung in 24 Ländern (Finnland, Deutschland, Japan, Korea, USA, Frankreich, Italien, Schweden, Österreich, Belgien, Großbritannien, Australien, Spanien, Tschechien, Dänemark, Ungarn, Polen, Niederlande, Norwegen, Kanada, Neuseeland, Irland, Israel und Slowakei).
Quelle: OECD, »Economic Outlook« (November 2018), Kap. 2, Abb. 2.2, online verfügbar unter: {https://www.oecd-ilibrary.org/economics/oecd-economic-outlook-volume-2018-issue-2_eco_outlook-v2018-2-en} (Stand Februar 2021).

gen Neoliberalismus, das Wiedererstarken von Ethnonationalismus und die Bedrohung durch den Klimawandel aus den Fugen geraten ist, versuchen sie der Katastrophe mithilfe der Vision einer emanzipierten Zukunft zu entkommen, in der die Menschheit eine höhere Stufe ihrer Geschichte erklimmt – womit Unterschiedliches gemeint sein kann – und Technologie uns allen hilft, unsere Leidenschaften zu entdecken und ihnen zu folgen. Das gilt, obwohl man diese Visionen, wie viele frühere Utopien, von den technokratischen Phantasien ihrer Verfasser befreien muss, die eine konstruktive Gesellschaftsveränderung nur mit technischen Mitteln für erreichbar halten.

Die folgenden Kapitel entfalten in Auseinandersetzung mit dem Automatisierungsdiskurs vier Gegenthesen. Erstens werde ich zeigen, dass die Nachfrage nach Arbeit in den vergangenen Jahrzehnten nicht wegen beispielloser technologischer Innovationssprünge zurückgegangen ist, sondern aufgrund eines kontinuierlichen technischen Wandels bei gleichzeitig immer deutlicherer Stagnation der Wirtschaft. Zweitens, dass sich diese Nachfrageschwäche überwiegend nicht als Massenarbeitslosigkeit, sondern als chronische *Unterbeschäftigung* manifestiert hat. Drittens, dass die Eliten es weiterhin hinnehmen oder sogar begrüßen werden, wenn dadurch ein Heer von Niedriglohnarbeitern entsteht, weshalb technologische Fortschritte keineswegs zwangsläufig die Einführung technokratischer Lösungen wie des BGE nach sich ziehen werden (das die bestehende massive Ungleichheit zudem eher verstärken als abbauen dürfte). Viertens führe ich aus, wie wir auch ohne (nahezu) vollständige Automatisierung der Produktion eine Welt jenseits des Mangels schaffen könnten, und skizziere abschließend einen möglichen Weg dorthin, der nicht auf staatliche Maßnahmen, sondern auf soziale Kämpfe setzt.

Historisch sind einschneidende Veränderungen der Sozialpolitik immer nur unter starkem Druck erfolgt, wie ihn etwa die Bedrohung durch den Kommunismus oder die Gefahr eines Zusammenbruchs der Zivilisation im Zuge von Kriegen erzeugt haben. Heute könnten Reformen in Reaktion auf den Druck einer neuen sozialen Massenbewegung entstehen, die auf eine grundlegende Veränderung der Gesellschaftsordnung zielt. Vor dieser Bewegung sollten wir keine Angst haben, sondern uns als ein Teil von ihr begreifen und dazu beitragen, ihre Ziele zu bestimmen und Wege aufzuzeigen, die in die richtige Richtung führen. Scheitert sie, dann ist ein BGE möglicherweise das Beste, was wir erreichen können, doch unsere Bemühungen sollten sich nicht in einer solchen Umverteilungsreform erschöpfen. Wir sollten nach einer Welt jenseits des Mangels streben – ein Ziel, das mithilfe fortgeschrittener Technologien leichter zu verwirklichen sein wird, selbst wenn eine vollautomatisierte Produktion nicht erreichbar ist – und vielleicht nicht einmal wünschenswert.

Wie in der Vergangenheit ist die Wiederkehr des Automatisierungsdiskurses auch heute ein Zeichen der Zeit: Er bekam erneut Auftrieb, als die Kluft zwischen Angebot und Nachfrage nach Jobs derart wuchs und sich derart viele Menschen um jede noch so spärliche Beschäftigung rissen, dass allmählich Zweifel an der Tragfähigkeit einer marktregulierten Gesellschaft laut wurden. Schon vor dem Ausbruch der Corona-Pandemie hat der Arbeitsmarktmechanismus drastischer als je zuvor versagt: Im vergangenen halben Jahrhundert wurde ein größerer Teil der Weltbevölkerung denn je vom Verkauf seiner Arbeitskraft (oder der Produkte seiner Arbeit) abhängig, zugleich aber ließ das globale Wirtschaftswachstum nach. Unsere heutige Realität lässt sich weniger mithilfe gängiger Wirtschaftsanalysen beschreiben, sondern entspricht eher Szenarien, wie sie in der näheren Zukunft angesiedelte Science-Fiction-Dystopien entfalten: ein erhitzter Planet, bevölkert von Straßenhändlerinnen und Rikschafahrern, über deren Köpfen Mikrodrohnen schwirren, während die Reichen in geschützten, vollklimatisierten Siedlungen leben und wir Übrigen unsere Tage mit trostlosen Jobs und Computerspielen auf dem Smartphone fristen. Wie in einem Sci-Fi-Roman müssen wir aus diesem Zeitstrom aussteigen und in einen anderen gelangen.

Eine Zukunft jenseits des Mangels, in der allen ohne Ausnahme garantiert ist, was immer sie zum Leben brauchen, könnte der Menschheit eine Grundlage für den Kampf gegen den Klimawandel bieten. Sie könnte auch das Fundament sein, auf dem wir die Welt neu gestalten und Verhältnisse schaffen, in denen, wie James Boggs formulierte, »erstmals in der Geschichte die Masse der Menschen frei ist zu forschen und nachzudenken, zu hinterfragen und zu schaffen, zu lernen und zu lehren – unbeschwert von der Sorge, woher die nächste Mahlzeit kommt«.[31] Um einen Weg in diese Zukunft zu finden, müssen wir nicht nur Arbeit und Einkommen entkoppeln, wie die Automatisierungstheoretiker erkannt haben, sondern auch Profit und Einkommen voneinander trennen, was viele übersehen.

2. Globale Deindustrialisierung

Breite soziale Auswirkungen kann die technologisch bedingte Arbeitsplatzvernichtung nur dann haben, wenn sie den Dienstleistungssektor erfasst, der in Ländern mit hohem Einkommen 74 Prozent und weltweit 52 Prozent der Beschäftigten absorbiert hat.[1] Vertreter des Automatisierungsdiskurses verweisen daher auf »neue Formen« des Phänomens in Handel, Transport und Gastronomie: Mit einem wachsenden Heer von Maschinen, die Bestellungen entgegennehmen, Regale auffüllen, Fahrzeuge lenken und Burger wenden, nehme die »Robotisierung« dort »Fahrt auf«. Viele weitere Dienstleistungsjobs, auch solche, die eine mehrjährige Ausbildung erfordern, sollen in den kommenden Jahren durch Fortschritte der künstlichen Intelligenz wegfallen.[2] Das sind natürlich zunächst einmal Prognosen darüber, wie sich Technologien in Zukunft auf Beschäftigungsmuster auswirken werden, und solche Prognosen können sich als falsch erweisen – wie etwa in der ersten Januarwoche 2020, als im Großraum San Francisco gleich drei auf Espresso- und Burgerzubereitung spezialisierte Robotikfirmen schließen mussten oder mit hohen Verlusten zu kämpfen hatten.[3]

Zur Untermauerung ihrer Thesen verweisen Automatisierungstheoretiker häufig auf das herstellende Gewerbe: In der Industrie habe die Beschäftigungsapokalypse bereits stattgefunden, und der Dienstleistungssektor werde folgen.[4] Um ihr Argument zu überprüfen, empfiehlt sich deshalb zunächst eine Untersuchung der Rolle, die Automatisierung für das Schicksal dieses Sektors gespielt hat. Immerhin eignet sich die industrielle Fertigung am besten für Automatisierung, denn in Werkshallen lässt sich »das Arbeitsumfeld von Maschinen radikal vereinfachen, damit sie eigenständig operieren können«.[5]

Industrierobotik gibt es schon lange: Der erste Roboter, der »Unimate«, wurde 1961 in einem Werk von General Motors installiert. Dennoch konnten Forscher die Angst vor langfristiger technologischer Arbeitslosigkeit, die bereits die Maschinenstürmer umtrieb, bis in die späten sechziger Jahre als klar unbegründet abtun: Die Industriebeschäftigung wuchs in genau den Zweigen am stärksten, in denen die technologische Innovation das höchste Tempo aufwies, denn eben hier fielen auch die Preise am schnellsten und förderten so die Nachfrage nach den jeweiligen Erzeugnissen.[6] Diese Ära ist lange vorbei. Im Lauf der letzten fünfzig Jahre ist die Industrialisierung einer Deindustrialisierung gewichen, von der nicht nur einzelne Branchen, sondern das gesamte herstellende Gewerbe in den meisten Ländern betroffen ist.[7]

Das Produktivitätsparadoxon

In der wissenschaftlichen Literatur wird Deindustrialisierung gewöhnlich als »Rückgang des Anteils der Industriefertigung an der Gesamtbeschäftigung« definiert.[8] Dieser Anteil, die industrielle Beschäftigungsquote, begann in den späten sechziger und frühen siebziger Jahren zunächst in den Ländern mit hohem Einkommensniveau zu sinken. Waren in den Vereinigten Staaten 1970 rund 22 Prozent aller Beschäftigten im verarbeitenden Gewerbe tätig, so lag der Anteil 2017 bei nur noch 8 Prozent. In Frankreich sank die industrielle Beschäftigungsquote im selben Zeitraum von 23 auf 9 Prozent, in Großbritannien von 30 auf 8 Prozent. Weniger stark, aber immer noch erheblich war der Rückgang in Japan und Italien (von 25 auf 15 Prozent) sowie Deutschland (von 29 auf 17 Prozent). Entsprechend deutlich ging die absolute Zahl der in der Fertigung Beschäftigten zurück. Gegenüber dem Höchststand der Nachkriegszeit fiel sie in den USA, Deutschland, Italien und Japan um rund ein Drittel, in Frankreich um die Hälfte, in Großbritannien um gut zwei Drittel.[9]

Es wird gemeinhin angenommen, die Deindustrialisierung in diesen Hochlohnländern müsse das Ergebnis von Produktionsverlagerungen ins Ausland gewesen sein. In den USA und Großbritannien – den Ländern mit den weltweit größten Handelsdefiziten – hat dies zu dem Phänomen sicher beigetragen. Doch weder dort noch in einem der anderen genannten Länder ging der Stellenabbau in der Industriefertigung mit einem Rückgang des absoluten Outputs einher. Im Gegenteil, der Output – ausgedrückt in der Wertschöpfung – hat sich in den USA, Frankreich, Deutschland, Japan und Italien von 1970 bis 2017 inflationsbereinigt mehr als verdoppelt. Selbst in Großbritannien, wo die Industrie am stärksten gelitten hat, ist die Wertschöpfung um 25 Prozent gestiegen. Auch wenn Länder mit niedrigem und mittlerem Einkommensniveau zweifellos immer mehr Güter für den Export in reiche Länder herstellen, kann deren Deindustrialisierung nicht einfach die Folge von Produktionsverlagerungen sein, denn am Ende der zweiten Dekade des 21. Jahrhunderts produzierten sie mehr

Industrieerzeugnisse als je zuvor. In Übereinstimmung mit den zentralen Annahmen der Automatisierungstheoretiker werden somit mehr Güter von weniger Arbeiterinnen hergestellt.

Auf dieser Grundlage wird der Verlust von Industriejobs in den entwickelten Volkswirtschaften zumeist nicht primär auf einen Zustrom von Billigimporten, sondern auf ein rasantes Wachstum der Arbeitsproduktivität zurückgeführt.[10] Aber auch diese Erklärung erweist sich bei genauerer Betrachtung als unzutreffend. Seit Jahrzehnten wächst die Produktivität in der Industriefertigung nur noch langsam, was den Ökonomen Robert Solow zu der Bemerkung veranlasste: »Wir können das Computerzeitalter überall feststellen, nur nicht in der Produktivitätsstatistik.«[11] Automatisierungstheoretiker setzen sich mit diesem »Produktivitätsparadoxon« zwar als Problem für ihre Darstellung auseinander – sie erklären es mit einer schwachen Nachfrage nach Industrieprodukten oder mit der anhaltenden Verfügbarkeit von Niedriglohnbeschäftigten –, unterschätzen aber seine wirkliche Bedeutung. Das liegt teilweise daran, dass die Arbeitsproduktivität in der US-Industrie seit 1950 scheinbar stetig um durchschnittlich rund 3 Prozent jährlich gestiegen ist. Unter Verweis darauf meinen Erik Brynjolfsson und Andrew McAfee, die Automatisierungseffekte könnten sich auch in einem solchen exponentiellen Produktivitätswachstum niederschlagen, dessen Rate müsse nicht zwangsläufig steigen.[12]

Die offiziellen Statistiken setzen die Wachstumsraten der US-Industrie allerdings viel zu hoch an, weil sie die Herstellung von Computern mit schnelleren Prozessoren als gleichbedeutend mit der Herstellung von mehr

Computern verbuchen.[13] Nach Angaben der Behörden ist die Produktivität in der Computer- und Elektronikindustrie daher von 1987 bis 2011 mit der galoppierenden Rate von durchschnittlich mehr als 10 Prozent pro Jahr gewachsen, während sie in den anderen Fertigungszweigen auf 2 Prozent fiel.[14] Ab 2011 verschlechterten sich die Trends im gesamten herstellenden Gewerbe: Der reale Output pro Person lag 2017 niedriger als 2010. Das Wachstum der Arbeitsproduktivität brach somit genau dann ein, als es laut den Automatisierungstheoretikern aufgrund technologischer Fortschritte hätte rasant ansteigen sollen.

Korrigiert man die US-Statistiken, dann entspricht das Produktivitätswachstum der amerikanischen Industrie eher den Trends in Ländern wie Deutschland und Japan, wo es seit dem Höchststand in der Nachkriegszeit dramatisch gesunken ist – in Deutschland von jährlich 6,3 Prozent im Durchschnitt der fünfziger und sechziger Jahre auf durchschnittlich 2,4 Prozent pro Jahr im Zeitraum von 2000 bis 2017. Dieser Abwärtstrend war in gewissem Maße zu erwarten, da die Ära des rapiden nachholenden Wachstums zu Ende ging. Dennoch sollte er die Automatisierungstheoretiker erstaunen, da Deutschland und Japan die USA auf dem Feld der Industrierobotik klar überholt haben. Die Roboter, die Tesla in seiner weitgehend automatisierten Autofabrik in Kalifornien verwendet, stammen von einem deutschen Unternehmen.[15] 2016 waren in deutschen und japanischen Firmen 60 Prozent mehr Industrieroboter pro Beschäftigtem im Einsatz als in amerikanischen.[16]

Doch trotz schwachen Wachstums der Arbeitsproduktivität ist die Deindustrialisierung in all diesen Ländern weiter vorangeschritten – wie von den Automatisierungstheoretikern erwartet, aber nicht aus den von ihnen angeführten Gründen. Um die Ursachen dieser Entwicklung genauer zu untersuchen, stütze ich mich auf die folgenden Definitionen: *Output*, wie oben und im Folgenden verwendet, bezeichnet den Umfang der Produktion (wie viel hergestellt wird), verstanden als reale bzw. inflationsbereinigte Wertschöpfung der jeweiligen Branche.[17] *Bruttoinlandsprodukt* (BIP) bezeichnet schlicht die Wertschöpfung der gesamten Volkswirtschaft. *Beschäftigung* bezieht sich in meiner Verwendung auf die Zahl nicht der Arbeitsstunden – die außerhalb der reicheren Länder in der Regel nicht erfasst wird –, sondern der Arbeitskräfte, während *Produktivität* das Verhältnis von Output und Beschäftigung bezeichnet: je mehr Output pro Arbeitskraft, desto höher deren Produktivität. Diesen Definitionen gemäß gilt für alle Branchen, dass die Wachstumsrate des Outputs (ΔO) abzüglich der Wachstumsrate der Arbeitsproduktivität (ΔP) der Wachstumsrate der Beschäftigung (ΔB) entspricht: $\Delta O - \Delta P = \Delta B$.[18] Wächst der Output der Automobilindustrie um jährlich 3 Prozent, ihre Produktivität aber nur um 2 Prozent, dann muss die Beschäftigung in der Branche um 1 Prozent gestiegen sein (3 – 2 = 1). Wächst umgekehrt ihr Output um 3 Prozent pro Jahr, die Produktivität aber um 4 Prozent, dann hat sich die Beschäftigung um 1 Prozent verringert (3 – 4 = -1).

Das typische Muster, das in reicheren Ländern zu beobachten war, lässt sich anhand der Industriefertigung in Frankreich veranschaulichen (siehe Abb. 2.1).[19] Während des sogenannten Goldenen Zeitalters des Nachkriegskapitalismus wuchs ihre Produktivität viel schneller als heute – von 1950 bis 1973 um durchschnittlich 5,2 Prozent im Jahr –, ihr Output aber mit jährlich 5,9 Prozent noch stärker. Folglich muss die Beschäftigung stetig gestiegen sein, nämlich um jährlich 0,7 Prozent. Seit 1973 sind die Wachstumsraten von Output und Produktivität gesunken, jene allerdings wesentlich steiler als diese. Zu Beginn des 21. Jahrhunderts wuchs zwar die Produktivität mit 2,7 Prozent im Jahr deutlich langsamer als in der Nachkriegsära – aber immer noch schneller als der Output mit jährlich 0,9 Prozent. Das Ergebnis war ein rasches Abschmelzen der Industriebeschäftigung um 1,7 Prozent pro Jahr. Eine Deindustrialisierung im strengen Sinn hatte schon vorher eingesetzt: Als die Industriebeschäftigung dauerhaft langsamer wuchs als die Gesamtbeschäftigung, begann ihr Anteil an dieser zu fallen.

Abb. 2.1: Industriefertigung in Frankreich (1950-2017)

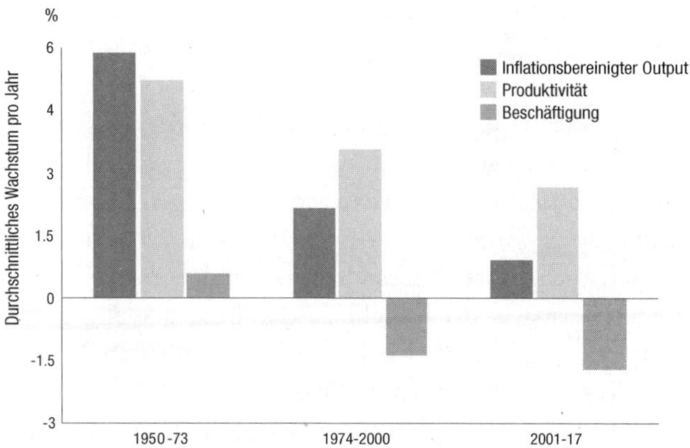

Quelle: Conference Board, »International Comparisons of Productivity and Unit Labour Costs« (Juli 2018), online verfügbar unter: {https://www.conference-board.org/ilcprogram/index.cfm?id=30139} (Stand Februar 2021).

Eine solche Aufschlüsselung erklärt teilweise, wie die Automatisierungstheoretiker zu dem falschen Bild eines rasanten Produktivitätswachstums in der Industrie kommen. Zwar lag die Wachstumsrate der Produktivität deutlich über der des Outputs, aber nicht weil die Produktivität schneller zugenommen hätte als zuvor – was ein klares Anzeichen beschleunigter Automatisierung wäre –, sondern weil der Output viel langsamer als früher gewachsen ist. Dasselbe Muster zeigt sich in den Statistiken anderer Länder: Ein absoluter Rückgang der Industrieproduktion hat nicht stattgefunden – es wurde sogar immer mehr hergestellt –, aber ihre Wachstumsrate ist gesunken und dauerhaft unter die der Produktivität gefallen (siehe Tab. 2.1). Als dies in einem Land nach dem anderen geschah, gewannen quantitative Verschiebungen von ökonomischen Indikatoren qualitative Folgen: Die zunehmende Stagnation der Wirtschaft zog, im Verbund mit einer begrenzten technologischen Dynamik, eine weltweite Deindustrialisierung nach sich, die sich in einem Rückgang der industriellen Beschäftigungsquote niederschlug.

Eine solche vom Output bestimmte Deindustrialisierung lässt sich unmöglich rein technologisch erklären.[20] Auf der Suche nach alternativen Deutungen haben Ökonomen den Trend als ein unbedenkliches Merkmal der Entwicklung reifer Volkswirtschaften dargestellt.[21] Diese Lesart vermag jedoch nicht zu erklären, wie eine solche Entwicklungsstufe bei völlig unterschiedlichen Niveaus des Pro-Kopf-BIP auftreten kann.

Die Deindustrialisierung entfaltete sich zuerst in den späten sechziger und frühen siebziger Jahren in reichen Ländern, die gerade am Ende einer Phase standen, in

Tab. 2.1: Wachstumsraten der Industriefertigung (1950-2017)

		Output	*Produktivität*	*Employment*
USA	1950-73	4.4%	3.1%	1.2%
	1974-2000	3.1%	3.3%	-0.2%
	2001-17	1.2%	3.2%	-1.8%
Deutschland	1950-73	7.6%	5.7%	1.8%
	1974-2000	1.3%	2.5%	-1.1%
	2001-17	2.0%	2.2%	-0.2%
Japan	1950-73	14.9%	10.1%	4.3%
	1974-2000	2.8%	3.4%	-0.6%
	2001-17	1.7%	2.7%	-1.1%

Quelle: Conference Board, »International Comparisons of Productivity and Unit Labour Costs« (Juli 2018), online verfügbar unter: {https://www.conference-board.org/ilcprogram/index.cfm?id=30139} (Stand Februar 2021).

der sich das durchschnittliche Pro-Kopf-Einkommen in den USA, Westeuropa und Japan angeglichen hatte. In den folgenden Jahrzehnten griff sie »vorzeitig« auf weniger reiche und auf arme Länder (deren Pro-Kopf-Einkommen stärker voneinander abwichen) über (siehe Abb. 2.2).[22] Südeuropa wurde in den späten siebziger Jahren von der Dynamik erfasst, die meisten lateinamerikanischen Länder, Teile Ost- und Südostasiens sowie das südliche Afrika folgten in den achtziger und neunziger Jahren. In vielen ärmeren Ländern kam die Industrialisierung freilich nie über ein derart niedriges Niveau hinaus, dass es vielleicht treffender wäre zu sagen, sie habe dort gar nicht erst stattgefunden.[23]

Gegen Ende des 20. Jahrhunderts konnte man von einer globalen Welle der Deindustrialisierung sprechen: Die Zahl der Beschäftigten in der Fertigung stieg

Abb. 2.2: Globale Deindustrialisierungswellen (1950-2010)

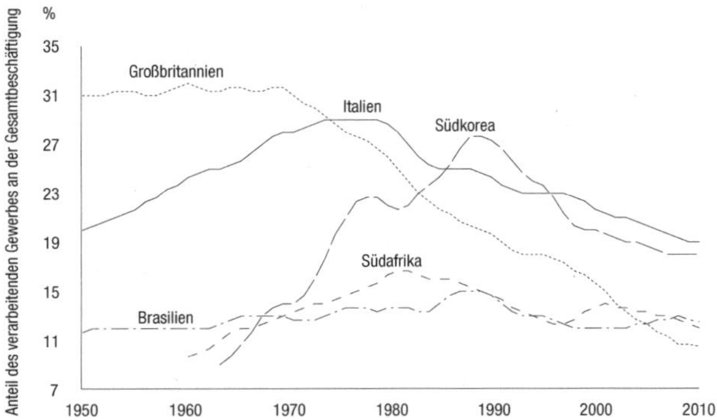

Quelle: Groningen Growth and Development Centre, 10-Sector Database (Januar 2015), online verfügbar unter: {https://www.rug.nl/ggdc/structuralchange/previous-sector-database/10-sector-2014?lang=en} (Stand Februar 2021).

zwar von 1991 bis 2016 weltweit um jährlich 0,4 Prozent, blieb damit aber weit hinter dem Wachstum der Erwerbsbevölkerung insgesamt zurück, sodass die industrielle Beschäftigungsquote im selben Zeitraum um 3 Prozent sank.[24] China stellt dabei eine wichtige Ausnahme dar, allerdings nur teilweise (siehe Abb. 2.3). Mitte der neunziger Jahre entließen die chinesischen Staatsbetriebe Millionen von Arbeitern, was zu einem stetigen Rückgang der industriellen Beschäftigungsquote führte.[25] Ab der ersten Dekade des 21. Jahrhunderts stieg sie dann nochmals, bevor sich der Trend in der Mitte der zweiten Dekade erneut umkehrte. Seitdem ist der Beschäftigungsanteil der Industrie in China von 19,3 Prozent (2013) auf 17,2 Prozent (2018) signifikant gesunken. Wenn die Deindustrialisierung weder durch Automatisierung noch als Entwicklungsstufe reifer Volkswirt-

Abb. 2.3: Deindustrialisierung in China, Indien, Italien und Mexiko (1980-2017)

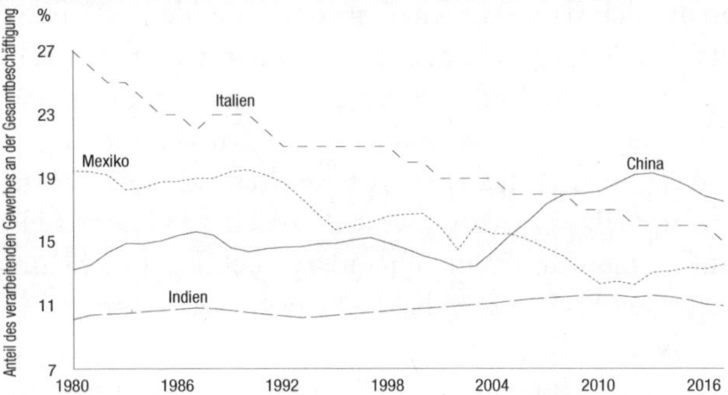

Quelle: Conference Board, »International Comparisons of Productivity and Unit Labour Costs« (Juli 2018), online verfügbar unter: {https://www.conference-board.org/ilcprogram/index.cfm?id=30139} (Stand Februar 2021).

schaften zu erklären ist, worin könnte dann ihre Ursache bestehen?

Die Plage der industriellen Überkapazitäten

Was die Ökonomen in ihren Erklärungen übersehen, ist derselbe Umstand, der auch in den Darstellungen der Automatisierungstheoretiker ausgespart bleibt. Fakt ist, dass die Wachstumsraten des industriellen Outputs nicht in diesem oder jenem Land, sondern *weltweit* gesunken sind (siehe Abb. 2.4).[26] In den fünfziger und sechziger Jahren stieg die globale Industrieproduktion inflationsbereinigt um durchschnittlich 7,1 Prozent pro Jahr, in den siebziger Jahren nur mehr um 4,8 Prozent, im Zeitraum von 1980 bis 2007 um lediglich 3 Prozent, und nach der Krise von 2008 bis 2014 wuchs der weltweite Output der Industrie um magere 1,6 Prozent jährlich – das Tempo hat sich also, verglichen mit dem »Goldenen Zeitalter« der Nachkriegsdekaden, auf weniger als ein Viertel reduziert.[27] Den Aufbau riesiger Fertigungskapazitäten in China schließen diese Zahlen wohlgemerkt mit ein.

Aus diesem ungeheuer gedrosselten Outputwachstum erklärt sich, wie gesagt, weshalb sich das industrielle Produktivitätswachstum scheinbar erheblich beschleunigt hat, obwohl es in Wirklichkeit viel schwächer ausgefallen ist als in früheren Phasen. Immer mehr *wird* mit weniger Arbeiterinnen hergestellt, wie die Automatisierungstheoretiker behaupten – aber nicht weil technologische Veränderungen die Produktivität hätten steil ansteigen lassen, sondern weil der Maßstab, an dem das Produktivitätswachstum gemessen wird, kleiner geworden ist.

Im Anschluss an den Ökonomen Robert Brenner vertrete ich die These, dass die globalen Wellen der Deindustrialisierung ihren Ursprung nicht in beschleunigtem technologischem Wandel finden, sondern vor allem in immer größeren Überkapazitäten auf den Weltmärkten für Industriegüter, die sich nach dem Zweiten Weltkrieg stufenweise aufgebaut haben.[28] In der unmittelbaren Nachkriegszeit verfügten die USA über die dynamischste Wirtschaft der Welt, in der die fortgeschrittensten Technologien zum Einsatz kamen: Ihr Output pro Arbeitsstunde war 1950 mehr als doppelt so hoch wie in europäischen Ländern.[29] Angesichts der Gefahr einer kommunistischen Expansion in Europa und in Ost- und Südostasien waren die USA bereit, diesen technologischen Vorsprung mit ihren ehemaligen imperialen Rivalen Deutschland und Japan sowie mit anderen »Front-

Abb. 2.4: Industriefertigung und Landwirtschaft weltweit (1950-2014)

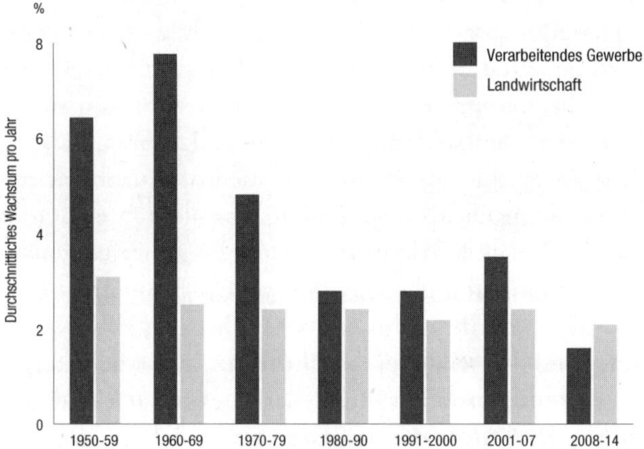

Quelle: World Trade Organization, »International Trade Statistics 2015«, Tab. A1 a: World Merchandise, Production and GDP, 1950–2014, online verfügbar unter: {https://www.wto.org/english/res_e/statis_e/its2015_e/its2015_e.pdf} (Stand Februar 2021).

staaten« zu teilen, um sie alle unter den amerikanischen Schutzschirm zu bringen.[30] In den ersten Jahrzehnten nach 1945 trugen solche Technologietransfers erheblich zum Wirtschaftswachstum in europäischen Ländern und in Japan bei und eröffneten ihnen die Möglichkeit einer zügigen exportorientierten Entwicklung. Gefördert wurde diese Strategie durch die 1949 erfolgte Abwertung ihrer Währungen gegenüber dem Dollar, die ihre internationale Wettbewerbsfähigkeit zulasten der Kaufkraft der eigenen Arbeiterklassen verbesserte (ein Schritt, der in vielen europäischen Ländern die Abwahl linker Regierungen zur Folge hatte).[31] Doch wie Brenner gezeigt hat, machten sich die neuen Industrieanlagen rund um den

Globus schnell als Überkapazitäten bemerkbar, die für einen »langen Abschwung« der Output-Wachstumsraten sorgten.

Dabei fiel nicht erst der spätere Aufbau neuer Produktionskapazitäten im globalen Süden ins Gewicht, sondern die bereits früher entstandenen Fabriken in Ländern wie Deutschland, Frankreich, Italien und Japan. Dort saßen die ersten Unternehmen der Nachkriegsära, denen es durch niedrige Produktionskosten gelang, zunächst globale Marktanteile für ihre Industrieerzeugnisse zu gewinnen und sodann in den US-Binnenmarkt vorzustoßen, der ihnen bislang verschlossen geblieben war. Aufgrund verschärfter Konkurrenz mit solchen günstiger produzierenden Herstellern begann der Industrieoutput der USA in den späten sechziger Jahren langsamer zu wachsen und die industrielle Beschäftigungsquote zu sinken. Als die USA in den frühen siebziger Jahren auf die zunehmenden Importe mit der Abkehr vom Bretton-Woods-System und einer Abwertung des Dollar reagierten, die amerikanische Unternehmen international konkurrenzfähiger machte, griffen diese Probleme von Nordamerika und Nordwesteuropa auf den übrigen europäischen Kontinent und Japan über.[32]

Die immer härtere Konkurrenz zwischen Unternehmen dieser reichen Regionen hinderte andere Länder nicht daran, ebenfalls Produktionskapazitäten aufzubauen, exportorientierte Wachstumsstrategien zu übernehmen und auf die globalen Märkte für Industrieprodukte zu drängen. Als sie in den internationalen Konkurrenzkampf eintraten, begann die Wachstumsrate der Industrieproduktion und infolgedessen auch die industrielle Beschäftigungsquote in weiteren Regionen –

in Lateinamerika, dem Nahen Osten, Asien und Afrika – und in der Weltwirtschaft insgesamt zu sinken.

Die meisten Länder des globalen Südens erfasste die Deindustrialisierung im Gefolge der 1982 ausgebrochenen Schuldenkrise der Dritten Welt, als ihnen unter Federführung des Internationalen Währungsfonds (IWF) Strukturanpassungsprogramme aufgezwungen wurden. Während die ärmeren Länder im Zuge der Liberalisierung des Handels ihre Grenzen für Importe öffneten, hatte die Deregulierung der Finanzsysteme zur Folge, dass Kapital auf der Suche nach schnellen Gewinnen in die Schwellenländer strömte, was zu einer Aufwertung ihrer Währungen führte. Die Lohnstückkosten in diesen Regionen stiegen genau zu dem Zeitpunkt, als die Märkte überfüllter wurden; im Ergebnis konnten ihre Unternehmen weder mit Importen konkurrieren noch ihrerseits Waren exportieren.[33]

Die Deindustrialisierung war somit nicht nur eine Folge technologischer Fortschritte, sondern auch eines weltweiten Überschusses an Produktionskapazitäten. Angesichts stärker umkämpfter internationaler Märkte wurde es schwieriger, hohe industrielle Wachstumsraten zu erzielen.[34] Der Mechanismus, durch den sich dieses Problem rund um den Globus verbreitete, war ein Preisverfall auf den Weltmärkten für Industrieerzeugnisse (was zugleich erklärt, weshalb die schwankenden Wechselkurse einen so starken Einfluss auf die Wettbewerbsfähigkeit hatten).[35] Wie der Harvard-Ökonom Dani Rodrik bemerkt hat: »Die Entwicklungsländer ›importierten‹ die Deindustrialisierung aus den fortgeschrittenen Ländern«, weil sie den von dort ausgehenden »relativen Preistrends ausgesetzt waren«.[36]

Der Preisverfall von Industriegütern hatte überall zur Folge, dass zunächst die Profitraten, sodann die Investitionsraten und schließlich die Wachstumsraten des Outputs fielen.[37] Vor diesem Hintergrund waren die Unternehmen mit einer verschärften Konkurrenz um Marktanteile konfrontiert: Da das Wachstum insgesamt nachließ, konnten neue Unternehmen nur dadurch schnell expandieren, dass sie Marktanteile der etablierten Wettbewerber eroberten. Diese reagierten darauf mit einem Rückzug in die oberen Segmente der globalen Wertschöpfungsketten. Industrielle Überkapazitäten erklären, warum das Produktivitätswachstum ab den frühen siebziger Jahren weniger stark einbrach als das Wachstum des Outputs. Entweder steigerten Unternehmen ihr Produktivitätsniveau, so gut sie konnten – um trotz des langsameren Wachstums der Nachfrage nach ihren Produkten mit der Konkurrenz mitzuhalten –, oder sie gingen pleite und verschwanden damit aus den statistischen Durchschnittswerten.[38] Auch wenn sie langsamer voranschritt als vorher, vernichtete die Einführung technologischer Innovationen in der gesamten Industrie Arbeitsplätze.[39] Als die Wachstumsraten des Outputs in immer mehr Ländern auf die der Produktivität (und häufig darunter) fielen, griff die Deindustrialisierung weltweit um sich.

Erklärt man die globalen Wellen der Deindustrialisierung durch weltweite Überkapazitäten und weniger durch Automatisierung, dann werden einige Aspekte des Phänomens verständlich, die andernfalls paradox scheinen. Zum Beispiel die Tatsache, dass Deindustrialisierung nicht nur mit ständigen Bemühungen einherging, neue arbeitssparende Technologien zu entwickeln, sondern auch mit dem Aufbau riesiger arbeitsintensiver Zulieferketten – zumeist mit verheerenden Folgen für die Umwelt.[40] Einen Wendepunkt in dieser Geschichte markiert das Vordringen kostengünstiger japanischer und deutscher Produkte in den US-Binnenmarkt: Zwischen Mitte der sechziger Jahre und Anfang der siebziger Jahre schnellte der Anteil industrieller Importe am amerikanischen Markt von unter 7 Prozent auf 16 Prozent empor.[41] Von nun an zeigte sich immer deutlicher, dass hohe Arbeitsproduktivität keinen Schutz mehr vor der Konkurrenz aus Ländern mit niedrigerem Lohnniveau bot. Am besten schnitten in dieser Konstellation Unternehmen ab, die darauf mit einer Globalisierung ihrer Produktion reagierten. Angesichts des Preiskampfs bauten multinationale Konzerne aus den USA über zahlreiche Länder hinweg Zulieferketten auf, wobei sie die arbeitsintensiveren Teile des Produktionsprozesses ins Ausland verlagerten und Zulieferer gegeneinander ausspielten, um die Preise zu drücken.[42] Mitte der sechziger Jahre eröffneten in Taiwan und Südkorea die ersten exportorientierten Sonderwirtschaftszonen. Selbst Firmen aus dem Silicon Valley, die ihre Computerchips bislang vor Ort im Großraum San José hergestellt hatten, verlegten ihre Produktion in Niedriglohngebiete, wo sie mit geringerem Technologieeinsatz arbeiteten und zugleich von laxeren Umwelt- und Arbeitsschutzgesetzen profitierten.[43] Multinationale Konzerne aus Deutschland und Japan setzten auf ähnliche Strategien, denen zudem überall neue Transport- und Kommunikationsinfrastrukturen entgegenkamen.[44]

Die Globalisierung der Produktion ermöglichte es den reichsten Volkswirtschaften der Welt, Fertigungskapazitäten aufrechtzuerhalten, kehrte aber nicht den Gesamttrend eines sinkenden Beschäftigungsanteils der Industrie um. Mit dem Aufbau von weltumspannenden Zulieferketten wurden Unternehmen aus immer mehr Ländern in den Strudel der Weltmarktkonkurrenz hineingezogen. In manchen Ländern verschoben sich damit zugleich die Standorte, an denen neue Werke aufgebaut wurden: Auf die Produktion für den Binnenmarkt ausgerichtete Gegenden erlebten einen Niedergang und wurden zu *Rust Belts*; dagegen verzeichneten *Sun Belts* – in die globalen Zulieferketten integrierte Regionen – einen enormen Aufschwung. Chattanooga wuchs auf Kosten von Detroit, Juárez auf Kosten von Mexiko-Stadt, Guangdong auf Kosten von Dongbei.[45] Da der Weltmarkt insgesamt aber langsamer expandierte, trug die Neuausrichtung auf ihn nur bescheidene Früchte: Der Aufstieg der *Sun Belts* konnte den Niedergang der *Rust Belts* nicht wettmachen; die Folge war eine globale Deindustrialisierung.

Die weltweiten Überkapazitäten in der Industrie erklären auch, weshalb die Länder, die den höchsten Robotisierungsgrad erreicht haben, nicht am stärksten von der Deindustrialisierung betroffen sind. Gemessen an der Zahl der Roboter pro Tausend Industriebeschäftigte waren Südkorea (63), Deutschland (31) und Japan (30) auf dem Weg zur Vollautomatisierung im Jahr 2016 deutlich weiter fortgeschritten als die USA (19) oder Großbritannien (7). Dennoch lag ihre industrielle Beschäftigungsquote im selben Jahr mit 17 Prozent (im Falle Japans 15 Prozent) deutlich über der amerikanischen und britischen Marke von 8 Prozent. Vor dem Hintergrund scharfer globaler Konkurrenz verschafft ein hoher Robotisierungsgrad den Unternehmen Wettbewerbsvorteile, die ihnen bei der Eroberung größerer Weltmarktanteile für ihre Produkte helfen. Im Unterschied zu amerikanischen Arbeitern sind die Beschäftigten europäischer und ostasiatischer Firmen der Ansicht, dass Automatisierung zur Sicherung ihrer Arbeitsplätze beiträgt.[46]

Auch Unternehmen aus China sind auf den globalen Märkten zu wichtigen Akteuren geworden und haben so dem Output- wie Beschäftigungswachstum der heimischen Industrie einen gewaltigen Schub verliehen. Ihr Vormarsch beruht allerdings nicht auf einem hohen Robotisierungsgrad – 2016 kamen in China nur sieben Roboter auf tausend Industriebeschäftigte –, sondern auf einer Mischung aus niedrigen Löhnen, durchschnittlich bis hoch entwickelter Technik und leistungsfähiger Infrastruktur. Das Ergebnis war allerdings dasselbe: Trotz Überkapazitäten und niedriger Wachstumsraten des Gesamtsystems hat sich China rapide industrialisiert, weil seine Unternehmen der Konkurrenz Marktanteile abnehmen konnten – nicht nur der amerikanischen, sondern auch der aus Ländern wie Mexiko und Brasilien. Anders wäre dies gar nicht möglich gewesen; in einem von schwachem Wachstum geprägten Umfeld können Unternehmen nur auf Kosten anderer schnell expandieren. Ob China angesichts steigender Löhne seine Wettbewerbsposition wird halten können, bleibt eine offene Frage; um dies sicherzustellen, setzen chinesische Firmen vermehrt Roboter ein.[47]

3. Im Schatten der Stagnation

Die im vorigen Kapitel angeführten Belege dafür, dass Jobverluste in der Industriefertigung wachsenden Überkapazitäten geschuldet sind, mögen scheinbar wenig über die allgemeineren, gesamtwirtschaftlichen Trends besagen, die Automatisierungstheoretiker auf eine zunehmende technologische Dynamik zurückführen: stagnierende Löhne, Rückgang der Lohnquote und der Erwerbsbeteiligung, Konjunkturerholungen ohne Beschäftigungsaufbau. Insofern könnte Automatisierung noch immer als eine stichhaltige Erklärung dafür erscheinen, dass die Dienstleistungszweige der einzelnen Volkswirtschaften – und somit der Weltwirtschaft insgesamt – immer weniger Arbeitskräfte absorbieren. Doch auf Dienstleistungen hatte Automatisierung noch geringere Auswirkungen als auf die Industrie. Tatsächlich lässt sich auch das generelle Problem eines nachlassenden Bedarfs an Arbeit besser durch die geschilderte zunehmende Stagnation der Industrie erklären als durch eine breit wirkende technologische Dynamik. Denn als sich das Wachstum der Industrieproduktion ab den siebziger Jahren in immer mehr Ländern verlangsamte, fand sich kein anderer Sektor, der sie als Wachstumsmotor hätte ersetzen können. Stattdessen fielen damit zugleich die Wachstumsraten des BIP.

Diese miteinander verbundenen Trends sind in den Wirtschaftsstatistiken von Ländern mit hohem Einkommensniveau unschwer zu erkennen. Ein eindrückliches Beispiel dafür bietet Frankreich (siehe Abb. 3.1). Dort wuchs die Wertschöpfung des verarbeitenden Gewerbes (im Folgenden WVG) von 1950 bis 1973 inflationsbereinigt um jährlich 5,9 Prozent, die Wertschöpfung der gesamten Wirtschaft (das BIP) um 5,1 Prozent.[1] Ab 1973 wurden beide Indikatoren merklich schwächer, und von 2001 bis 2017 stieg die WVG nur noch um jährlich 0,9 Prozent, während das BIP zwar etwas schneller, aber mit 1,2 Prozent im Jahr ebenfalls langsam wuchs. Dabei ist zu bedenken, dass der Anstieg der WVG in den fünfziger und sechziger Jahren generell die Wirtschaft antrieb; die Industrie wirkte als entscheidender Motor des gesamten Wachstums. Von 1973 an fielen die Wachstumsraten der WVG jedoch hinter die der französischen Wirtschaft insgesamt zurück. Ähnliche Muster weisen andere Länder auf (siehe Tab. 3.1). Die exportgetriebenen Wachstumsmotoren stotterten, und damit wuchs in immer mehr Ländern auch die Gesamtwirtschaft nur noch im Schneckentempo.[2]

Ökonomen, die sich mit Deindustrialisierung befassen, weisen häufig darauf hin, dass der Anteil der Industriefertigung am BIP zwar nominell gesunken, inflationsbereinigt aber bis vor Kurzem weitgehend stabil geblieben ist, die reale WVG somit von 1973 bis 2000 etwa im selben Tempo zugelegt hat wie das reale BIP.[3] Eine signifikante Verschiebung der Nachfrage von der Industrie zu Dienstleistungen hat nicht stattgefunden. Das bedeutet

Abb. 3.1: Wertschöpfung des verarbeitenden Gewerbes und BIP in Frankreich (1950-2017)

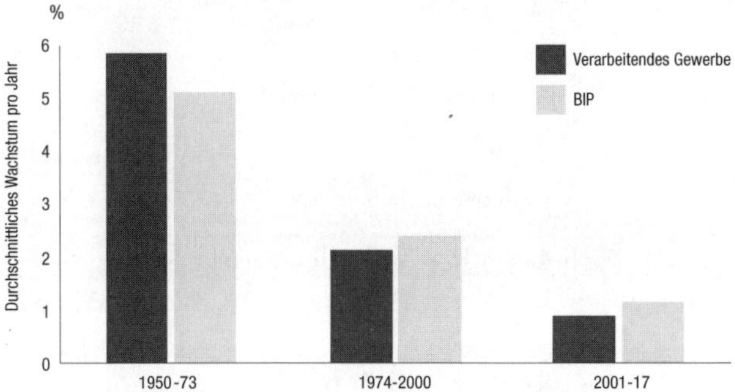

Quelle: Conference Board, »International Comparisons of Productivity and Unit Labour Costs« (Juli 2018), online verfügbar unter: {https://www.conference-board.org/ilcprogram/index.cfm?id=30139} (Stand Februar 2021).

praktisch nichts anderes, als dass sich die immer schwächere Dynamik des verarbeitenden Gewerbes auf die gesamte Wirtschaft übertragen hat.

Der entscheidende Mechanismus dafür waren nachlassende Investitionen; und mit der Nachfrage nach Gütern und Dienstleistungen zur Erweiterung der Produktion sank die Verbrauchernachfrage, da in den Betrieben weniger Arbeitsplätze entstanden. Aus der Perspektive der Gesamtwirtschaft betrachtet, erscheinen Überkapazitäten als Unterinvestitionen – für die es allerdings keine einfache Lösung gibt, da sie struktureller Art sind. In allen entwickelten kapitalistischen Ländern ist die Wachstumsrate des Kapitalstocks (also des inflationsbereinigten Werts von Anlagen, Maschinen und Software) mit der Zeit gesunken (siehe Tab. 3.2). In den USA zum Beispiel lag sie zwischen 1950 und 1973 bei jährlich 3,6 Prozent,

Tab. 3.1: Wachstumsraten von Industriefertigung und BIP (1950-2017)

		WVG	BIP
USA	1950-73	3.6%	2.4%
	1974-2000	2.8%	1.4%
	2001-17	1.8%	1.2%
Deutschland	1950-73	6.9%	4.7%
	1974-2000	2.3%	1.7%
	2001-17	1.0%	0.7%
Japan	1950-73	9.3%	7.6%
	1974-2000	4.7%	2.5%
	2001-17	0.7%	0.7%

Quelle: Conference Board, »International Comparisons of Productivity and Unit Labour Costs« (Juli 2018), online verfügbar unter: {https://www.conference-board.org/ilcprogram/index.cfm?id=30139} (Stand Februar 2021).

von 1974 bis 2000 bei 2,8 Prozent und von 2001 bis 2017 bei 1,8 Prozent (ab 2009 waren es nur noch 1,3 Prozent).[4] Als die durchschnittliche Firma weniger in neue Anlagen und Maschinen investierte, gingen auch die durchschnittlichen Wachstumsraten der Arbeitsproduktivität zurück.[5] In den USA betrug das Produktivitätswachstum zwischen 1950 und 1973 durchschnittliche 2,4 Prozent pro Jahr, fiel dann auf 1,4 Prozent für den Zeitraum von 1974 bis 2000 bzw. auf 1,2 Prozent für die Jahre zwischen 2001 und 2017 (zwischen 2011 und 2017 betrug es nur noch durchschnittlich 0,7 Prozent pro Jahr). Ähnliche Trends lassen sich in anderen Ländern mit hohem Einkommensniveau beobachten, und zwar sogar noch deutlicher.

Die Stagnationstendenz der Gesamtwirtschaft, die mit der nachlassenden Dynamik der Industriefertigung

Tab. 3.2: Wachstumsraten von Kapitalstock und Arbeitsproduktivität (1950-2017)

		Kapitalstock	Produktivität
USA	1950-73	4.4%	4.0%
	1974-2000	3.1%	3.2%
	2001-17	1.2%	1.9%
Deutschland	1950-73	7.6%	5.7%
	1974-2000	1.3%	1.9%
	2001-17	2.0%	1.4%
Japan	1950-73	14.9%	9.3%
	1974-2000	2.8%	3.2%
	2001-17	1.7%	1.9%

Quelle: Conference Board, Total Economy Database, online verfügbar unter: {https://www.conference-board.org/data/economydatabase/total-economy-database-productivity}, und Groningen Growth and Development Centre Penn World Table 9.1 (letzte Aktualisierung September 2019) bei FRED, Federal Reserve Bank of St. Louis, online verfügbar unter: {https://alfred.stlouisfed.org/release?rid=285} (beide Stand Februar 2021).

einhergeht, erklärt somit die quer durch die Branchen sinkende Nachfrage nach Arbeit und folglich auch die von den Automatisierungstheoretikern benannten Probleme wie stagnierende Reallöhne und den Rückgang der Lohnquote.[6] Diese sinkende Nachfrage ist allerdings kein Ergebnis einer steigenden Arbeitsproduktivität, die durch Automatisierung im Dienstleistungssektor erzielt worden wäre. Im Gegenteil: Noch langsamer als in der Industrie ist die Produktivität in anderen Sektoren gewachsen. In Deutschland und Japan zum Beispiel nahm sie von 2001 bis 2017 in der Industrie um durchschnittlich 2,2 beziehungsweise 2,7 Prozent im Jahr zu, in der Wirtschaft insgesamt dagegen in beiden Ländern nur um 0,7 Prozent. Der Fehler der Automatisierungstheoretiker besteht auch hier in der Annahme einer schnell steigenden Produktivität, während in Wirklichkeit das Wachstum des Outputs mit der Zeit erheblich nachgelassen hat.

Diese Trends sind in der Weltwirtschaft – einschließlich China – ebenso sichtbar wie in den reichen Ländern (siehe Abb. 3.2). In den fünfziger und sechziger Jahren wuchs das globale BIP jährlich um rasante 5 Prozent, die WVG mit 7,1 Prozent sogar noch schneller. Als sich ihr Wachstum ab den siebziger Jahren verlangsamte, fiel auch das globale BIP-Wachstum schwächer aus. In den meisten der folgenden Dekaden lag das Wachstum der WVG zwar weiterhin über dem des BIP, aber mit deutlich geringerem Abstand. Von 2008 bis 2014 stiegen beide nur noch um die außergewöhnlich niedrige Rate von jährlich 1,6 Prozent. Auch darin zeigt sich, dass kein neuer Wachstumsmotor entstand, der die immer weniger dynamische Industrie hätte ersetzen können.

Nicht alle Weltregionen erlebten diesen globalen Trend in derselben Weise oder im selben Ausmaß, doch selbst Länder wie China, die eine schnelle Expansion verzeichneten, hatten mit seinen Auswirkungen zu kämpfen. Nach 2010 verlangsamte sich Chinas Wirtschaftswachstum erheblich, und eine Deindustrialisierung setzte ein; dasselbe gilt für Indien. Den anderen BRICS-Staaten – Brasilien, Russland und Südafrika – erging es noch schlechter: 2011 waren ihre Wachstumsraten eingebrochen, schon lange vor der Corona-Pandemie also, die weltweit erhebliche Einschnitte in die Industrieproduktion zur Folge hatte. In der dritten Dekade des 21. Jahrhunderts dürften die globalen Wachstumsraten von WVG und BIP weiter sinken.

Abb. 3.2: Wertschöpfung des verarbeitenden Gewerbes und BIP weltweit (1950-2014)

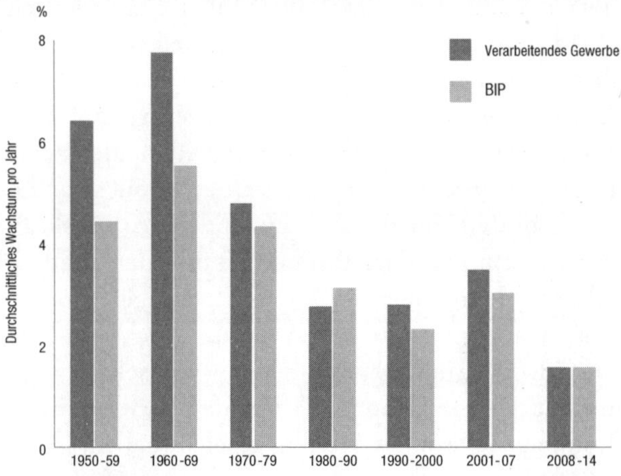

Quelle: World Trade Organization, »International Trade Statistics 2015«, Tab. A1 a: World Merchandise, Production and GDP, 1950–2014, online verfügbar unter: {https://www.wto.org/english/res_e/statis_e/its2015_e/its2015_e.pdf} (Stand Februar 2021).

Der Blick auf die wirtschaftlichen Trends von mehr als einem halben Jahrhundert macht deutlich, dass das verarbeitende Gewerbe als einzigartiger Wachstumsmotor wirkte.[7] Kennzeichnend für den industriellen Sektor sind schrittweise Produktivitätssteigerungen durch Technologien, die an ganz unterschiedliche Herstellungszweige angepasst werden können. Außerdem profitiert die Industrie von Skaleneffekten, das heißt, ihre Produktivität steigt mit zunehmendem Umfang der Produktion. Eine als Verdoorn-Gesetz bekannte Regel besagt: Je größer der Output der Industrie, umso schneller steigt ihre Produktivität. Manche Autoren führen die gegenwärtige wirtschaftliche Stagnationsphase auf eine Erschöpfung der Möglichkeiten weiteren technologischen Fortschritts zurück – so als gäbe es nichts mehr zu erfinden –, doch es spricht mehr dafür, dass die Industrie ein niedriges Produktivitätswachstum verzeichnet, weil sie langsamer wächst, nicht umgekehrt.[8]

Als Branche hat die Industrie keine starren Grenzen: Sie umfasst alle wirtschaftlichen Tätigkeiten, die in einen industriellen Prozess überführt werden können, und deren Zahl nimmt mit der Zeit zu. Indem Arbeitskräfte, die bislang mit niedriger Produktivität in der Landwirtschaft, der Heimindustrie oder als Hausangestellte tätig waren, in hochproduktive Fabrikjobs wechseln, steigt das Pro-Kopf-Einkommen und das Wirtschaftswachstum. Ländern wie Japan, Südkorea und Taiwan, die das Einkommensniveau des Westens erreicht haben, ist dies vor allem durch Industrialisierung gelungen. Sie nutzten Chancen, für den Weltmarkt zu produzieren – in immer größerem Umfang und mit hochentwickelter Technologie –, und konnten so in einem Tempo wachsen, das sie niemals erreicht hätten, wären sie ausschließlich auf die Binnennachfrage angewiesen gewesen.[9]

Die immense Bedeutung des verarbeitenden Gewerbes mag überraschend erscheinen, sinkt doch sein Anteil an der Wirtschaft, gemessen an der Wertschöpfung, ständig; gemessen am Bruttoproduktionswert allerdings – der im Unterschied zur Wertschöpfung auch die Kosten von Vorprodukten berücksichtigt, also der von den Unternehmen konsumierten Güter und Dienstleistungen – ist sein »Fußabdruck« in der Gesamtwirtschaft wesentlich größer.[10] Selbst in den Vereinigten Staaten, einem Land mit erheblichem Handelsbilanzdefizit, machte der Bruttoproduktionswert der Industrie im Jahr 2000 rund

42 Prozent des BIP aus. Im Lauf der zweiten Dekade des 21. Jahrhunderts, in der sich die wirtschaftliche Stagnation noch deutlicher bemerkbar machte, fiel dieser Anteil auf 30 Prozent. In Japan allerdings lag er auch 2017 noch bei 59 Prozent.[11]

Mangelnde Alternativen

Als der Wachstumsmotor der Industrialisierung ins Stottern geriet, weil vielerorts dieselben technischen Kapazitäten aufgebaut wurden, sie somit international im Überfluss vorhanden waren und sich die Konkurrenz auf den Märkten verschärfte, trat nichts an seine Stelle, was das Wachstum hätte vorantreiben können. Arbeitskräfte wechseln heute nicht mehr von Tätigkeiten mit geringer Produktivität in hochproduktive Jobs; vielmehr strömen sie, im Gegenteil, zunehmend in Dienstleistungsjobs mit niedriger Produktivität. Im Zuge der Deindustrialisierung hat sich zugleich massiv Finanzkapital aufgestaut, das auf der Jagd nach Rendite in relativ liquide Vermögenstitel fließt, statt langfristig in neue Anlagegüter investiert zu werden.[12] Trotz der hohen Überkapazitäten findet das Kapital innerhalb der Realwirtschaft keine profitableren Investitionsmöglichkeiten als in der Industrie. Gäbe es sie, könnten wir dies an höheren Raten der Kapitalakkumulation und folglich auch des BIP-Wachstums ablesen. Stattdessen sehen wir einen anhaltenden Investitionsrückgang – Konzerne nutzen brachliegendes Geld zum Aktienrückkauf oder zur Dividendenausschüttung – sowie fallende langfristige Zinssätze, da das Angebot an verleihbarem Geld die Nachfrage bei weitem übersteigt.

Unter diesen Bedingungen sind immense Geldsummen in Finanzanlagen geflossen. Die Entstehung solcher gigantischer Blasen führt immer wieder zu einem »Vermögenseffekt«: Reiche Haushalte werden durch ihre Geldanlagen scheinbar noch reicher und verwenden einen größeren Teil ihres Jahreseinkommens auf den Konsum.[13] Die US-Wirtschaft ist immer abhängiger von solchen durch Blasen geförderten Ausgaben geworden.[14] Platzen die Blasen dann, schränken jene wohlhabenden Haushalte ihren Konsum zugunsten der Schuldentilgung ein und rufen damit langanhaltende Phasen wirtschaftlicher Schwierigkeiten hervor – mitunter »Japanisierung« genannt, da Japan nach dem jähen Ende einer Blase im Jahr 1991 als erstes Land eine solche »Bilanzrezession« – eine durch allgemeines Sparen bedingte Stagnation – erlebte.[15] Dass sich nach dem Platzen von Blasen das Wachstum verlangsamt, macht deutlich, dass es zur Industrie als Wachstumsmotor keine tragfähige Alternative gibt. Tatsächlich ist das Los reicherer Volkswirtschaften trotz aller Finanzialisierung eng mit dem ihrer industriellen Sektoren verknüpft geblieben (was teilweise erklärt, weshalb Firmen in Reaktion auf die Überakkumulation darauf gesetzt haben, ihre bestehenden Fertigungskapazitäten flexibler und effizienter zu organisieren, statt kostengünstiger produzierenden Unternehmen aus anderen Ländern Marktanteile zu überlassen).[16]

In den späten achtziger und frühen neunziger Jahren zum Beispiel erholte sich die US-Industrie kurzzeitig von ihrer Schwäche, weil eine dramatische Abwertung des Dollar – verbunden mit stagnierenden Reallöhnen und Unternehmenssteuersenkungen – ihre Wettbewerbsfähigkeit auf Kosten der einheimischen Arbeiterklasse deutlich verbesserte.[17] In dieser Phase erlebte die amerikanische Wirtschaft wieder einen Aufschwung, der in Studien als Mini-Boom infolge neuer Informations- und Kommunikationstechnologien beschrieben worden ist. Doch er existierte nicht losgelöst von globalen Trends. Der Abwertung des Dollar nach 1985 entsprach eine Aufwertung der Währungen europäischer Länder und Japans, die dazu führte, dass ihre Industrieunternehmen an Wettbewerbsfähigkeit verloren, weniger in Anlagegüter investierten und sich das Wirtschaftswachstum verlangsamte.[18] Ein von Informations- und Kommunikationstechnologien angetriebener Aufschwung fand dort nicht statt. Im Gegenteil: Das Wirtschaftswachstum in Europa und Japan ließ von den siebziger Jahren bis in die erste Dekade des 21. Jahrhunderts zusehends nach. In Japan strömte Kapital aus der Industrie in Finanzanlagen und erzeugte so die berüchtigte Immobilienblase – die größte in einer ganzen Serie von Spekulationsblasen –, mit deren Platzen die japanische Ökonomie in Turbulenzen geriet und die Weltwirtschaft zu kollabieren drohte. An den Notmaßnahmen, die die japanische Zentralbank in den frühen neunziger Jahren ergriff, orientierte sich später, im Gefolge des Finanzcrashs von 2008, sowohl die amerikanische Federal Reserve als auch die Europäische Zentralbank.[19]

Eine größere globale Krise wurde Mitte der neunziger Jahre nur durch die Bereitschaft der Vereinigten Staaten zur erneuten Aufwertung des Dollar abgewendet, die der japanischen und deutschen Wirtschaft Spielraum dafür verschaffte, ihre internationale Position in gewissem Maße wiederherzustellen. Allerdings bestand eine unbeabsichtigte Folge des Rettungsmanövers darin, dass die

USA und ostasiatische Länder wie Südkorea, die ihre Währungen an den Dollar gebunden hatten, nun erlebten, wie sich die dort gerade einsetzenden Booms in Blasen verwandelten. Ihre Industrien wirkten nicht mehr als Motor eines robusten Wirtschaftswachstums, und Kapital flüchtete sich in Finanzanlagen. Das Platzen der daraus resultierenden Vermögensblasen – 1997 in Ostasien, 2001 und dann erneut 2007 in den USA – offenbarte tiefere strukturelle Stagnationstendenzen aufgrund von industriellen Überkapazitäten und Unterinvestitionen.[20]

Die Tatsache, dass sich keine tragfähige Alternative zum industriellen Wachstumsmotor fand, erklärt auch, warum Regierungen ärmerer Länder ihre Unternehmen dazu angespornt haben, in internationale Märkte für Industrieprodukte vorzudringen, obwohl dort bereits ein Überangebot herrscht.[21] Denn nichts hat diese Märkte als Quelle einer global zugänglichen Nachfrage ersetzt. Überkapazitäten bestehen auch in der Landwirtschaft, sogar noch stärker als in der Industrie; Dienstleistungen wiederum sind ganz überwiegend keine Handelsgüter und machen nur einen winzigen Teil der globalen Exporte aus.[22] Wenn Länder unter diesen Bedingungen über eine stabile Weltmarktanbindung verfügen wollen, müssen sie sich auf irgendeine Weise einen Platz im verarbeitenden Gewerbe sichern.

Da zwischen 2001 und 2007 steigende globale Wachstumsraten der Industrie den BRICS-Ländern (Brasilien, Russland, Indien, China und Südafrika) kurzzeitig die Möglichkeit einer exportorientierten Entwicklung eröffneten, glaubten manche Wirtschaftswissenschaftler eine Einkommensangleichung zwischen reicheren und ärmeren Regionen und eine Umkehrung ihres jahrhundertelangen, vom fortwirkenden Erbe des Kolonialismus bedingten Auseinanderdriftens beobachten zu können.[23] Dieser kleine Boom erwies sich allerdings als abhängig von einem kreditfinanzierten Konsum in reicheren Ländern, der nach dem Platzen der amerikanischen Immobilienblase 2007 abrupt endete, womit abermals eine weltweite Tendenz zu industriellen Überkapazitäten und Unterinvestitionen sichtbar wurde.

Besonders verheerend waren die wirtschaftlichen Abschwünge für Länder mit niedrigem und mittlerem Einkommensniveau – nicht nur aufgrund ihrer größeren Armut, sondern auch weil dort die Erwerbsbevölkerung dramatisch zunahm: Von 1980 bis 2018 stieg die Zahl der entlohnten und nicht entlohnten Arbeitskräfte um rund 75 Prozent, weltweit 1,5 Milliarden Personen zusätzlich drängten auf die Arbeitsmärkte.[24] Diese überwiegend in ärmeren Ländern lebenden Menschen hatten das Unglück, zu einer Zeit heranzuwachsen und Arbeit zu suchen, als die globalen industriellen Überkapazitäten die Muster des Wirtschaftswachstums in postkolonialen Ländern zu prägen begannen. Als ihre Industrieexporte in die USA und nach Europa in den späten siebziger und frühen achtziger Jahren nur noch langsam stiegen, löste dies 1982 die erwähnte Schuldenkrise der Dritten Welt aus. Die Strukturanpassungsmaßnahmen unter der Ägide des IWF zwangen die betroffenen Länder genau zu dem Zeitpunkt zu einer stärkeren Weltmarktintegration, als das globale Wachstum immer weiter nachließ und die Konkurrenz durch China an Bedeutung gewann.[25]

Aber ist ein derart schwaches Wachstum der Weltwirtschaft wirklich so außergewöhnlich? Stellt sich die Situation nicht ganz anders dar, wenn wir sie nicht mit dem einzigartigen »Goldenen Zeitalter« nach 1945 vergleichen, sondern mit früheren Phasen wie der Ära vor dem Ersten Weltkrieg? Eine globale Perspektive auf die sinkende Nachfrage nach Arbeitskraft bietet die Antwort auf diesen Einwand. Es ist richtig, dass die durchschnittlichen Wirtschaftswachstumsraten während der Belle Époque (1870-1913) eher den heutigen vergleichbar waren.[26] Damals lebten allerdings große Teile der Bevölkerung noch auf dem Land und stellten vieles von dem, was sie zum Leben brauchten, selbst her.[27] Als die europäischen Imperien den Globus überrannten, schränkten sie nicht nur die Verbreitung neuer Produktionstechnologien auf wenige Regionen ein, sondern betrieben auch eine gezielte Deindustrialisierung der übrigen Weltwirtschaft.[28]

Wenngleich die Arbeitsmärkte weniger Menschen umfassten und die Industrialisierung sich auf weniger Länder beschränkte als heute, ist für die Ära vor 1914 – ebenso wie die Zwischenkriegszeit – eine anhaltend schwache Nachfrage nach Arbeitskraft kennzeichnend, die unsichere Beschäftigungsverhältnisse, zunehmende Ungleichheit und stürmische soziale Bewegungen mit dem Ziel einer anderen Wirtschaftsordnung mit sich brachte.[29] In dieser Hinsicht ähnelt die Gegenwart tatsächlich der Welt der Belle Époque.[30] Der Unterschied besteht allerdings darin, dass heute ein viel größerer Teil der Weltbevölkerung zum Überleben darauf angewiesen ist, auf dem Arbeitsmarkt einen Job zu finden, und aufgrund des geringen Bedarfs an Arbeitskräften folglich in Unsicherheit lebt. Unterdessen dürfte das durchschnittliche Wirtschaftswachstum weiter nachlassen, da ungebrochene

Stagnationstendenzen durch die Corona-Pandemie noch verstärkt werden. Der Blick in die Geschichte spricht jedenfalls dafür, dass auf Pandemien, anders als auf Kriege, kein Boom folgt, sondern ein anhaltender Niedergang der BIP-Wachstumsraten.[31]

Die Rolle der Technologie

Was Automatisierungstheoretiker als Folge zunehmender technologischer Dynamik beschreiben, resultiert in Wirklichkeit aus einer sich verschlimmernden, auf Jahrzehnte der industriellen Überkapazitäten und Unterinvestitionen folgenden Stagnation der Wirtschaft; Ursache des sinkenden Bedarfs an Arbeitskräften ist keineswegs, wie sie annehmen, ein immer schnelleres Produktivitätswachstum, sondern ein immer langsameres Wachstum des Outputs.

Für diese Fehleinschätzung der Automatisierungstheorie gibt es einen Grund. Bestimmend für die Nachfrage nach Arbeitskraft ist die Differenz zwischen Produktivitäts- und Outputwachstum. Wird das Schrumpfen dieses Abstands falsch herum gelesen – als Folge steigender Produktivität, nicht sinkenden Outputwachstums –, entsteht die verkehrte Welt des Automatisierungsdiskurses. Seine Vertreter suchen sodann auf dem Feld der Technologie nach Befunden, die ihre Erklärung für die Ursachen der geringen Nachfrage nach Arbeitskraft stützen, und dabei geraten die tatsächlichen Ursachen aus dem Blick: überfüllte globale Märkte für Industrieprodukte, nachlassende Investitionen in Anlagegüter und eine damit einhergehende Verlangsamung des Wirtschaftswachstums.

Auch wenn Automatisierung nicht die Hauptursache für den geringen Bedarf an Arbeitskraft ist, kann technologischer Wandel in einer langsam wachsenden Wirtschaft dennoch massive Arbeitsplatzvernichtung zur Folge haben – ein Beispiel dafür bietet der rapide Stellenabbau in der US-Industrie von 2000 bis 2010. Würde die Wirtschaft schnell wachsen, entstünden als Ersatz dafür umgehend neue Jobs (was wir dann beobachten könnten, wäre ein klassisches Beispiel für »schöpferische Zerstörung«).[32] In einer von anhaltender Wachstumsschwäche geprägten Situation dagegen fällt es Menschen, die erwerbslos werden, schwer, Arbeit zu finden. Eine Klärung dieser allgemeinen wirtschaftlichen Bedingungen ermöglicht es uns auf die Frage zurückzukommen, welche Rolle Technologie für Jobverluste spielt, und zu erklären, weshalb der Begriff »Automatisierung« zur Beschreibung dieser Zusammenhänge in der Regel irreführend ist.

Mit ihren Versuchen, die Verbindung von Technologie und dem Verschwinden von Arbeitsplätzen zu begreifen, erweisen sich die Automatisierungstheoretiker einen Bärendienst. Häufig werden Forschung und Entwicklung im digitalen Zeitalter so dargestellt, als würden Ingenieure in weißen Kitteln der Technologie folgen, »wohin auch immer sie führt«, ohne dass sie sich über ihre »Endergebnisse« oder »gesellschaftlichen Folgen« Gedanken machen müssten.[33] Kurven, die exponentiell wachsende Rechenkapazitäten zeigen – und dabei das Moore'sche Gesetz steigender Prozessorgeschwindigkeit als exemplarisch für technologische Veränderung schlechthin präsentieren –, suggerieren, Technologie schreite automatisch auf vorherbestimmten Bahnen voran.[34] Diese Vorstellung wiederum nährt die Phantasie einer kommenden »Singularität«, mit der die maschinelle Intelligenz endlich eine allgemeine künstliche Intelligenz wie aus der Science-Fiction gebiert, die sich mit einer das menschliche Vorstellungsvermögen übersteigenden Geschwindigkeit eigenständig weiterentwickelt.[35]

In Wirklichkeit erfordert die Entwicklung von Technologien enorme Ressourcen, sodass Forscher gezwungen sind, sich für bestimmte Pfade auf Kosten anderer zu entscheiden. In unserer Gesellschaft müssen Unternehmen darauf achten, dass dies zu profitablen Ergebnissen führt. So erfordert es etwa erhebliche Mühe, mit digitalen Diensten, die den Nutzern zumeist kostenlos im Internet angeboten werden, Gewinne zu erzielen. Statt den allgemeinen Fortschritt der künstlichen Intelligenz voranzutreiben, verbringen die Programmierer bei Facebook ihre Zeit mit dem Studium von Spielautomaten, um herauszufinden, wie sie die Nutzerinnen süchtig nach ihrer Website machen können – damit sie regelmäßig wiederkommen, Benachrichtigungen abrufen, Inhalte posten und sich Werbung ansehen.[36] Unterm Strich sind solche digitalen Angebote, wie alle modernen Technologien, mitnichten »gesellschaftlich neutral«.[37] Das heutige Internet, von der US-Regierung entwickelt und von kapitalistischen Unternehmen geprägt, ist nicht das einzig mögliche.[38] Dasselbe gilt für die Robotik: Das Kapital entscheidet, welchem möglichen Pfad der technische Fortschritt folgt, und behält so letztlich die Kontrolle über den Arbeitsprozess.[39] Technologien, die den am Fließband Arbeitenden mehr Macht geben könnten, werden nicht weiterverfolgt, während solche, die ihre minutiöse Überwachung ermöglichen, schnell zur heißbegehrten Ware werden.[40] Diese Grundzüge des technologischen Wandels in kapitalistischen Gesellschaften haben wichtige Implikationen für jeden, der die bestehenden technischen Mittel in den Dienst neuer, emanzipatorischer Ziele stellen will. Dass profitgetriebener technischer Fortschritt (von sich aus) die menschliche Plackerei als solche abschafft, ist höchst unwahrscheinlich – insbesondere dort, wo Arbeitskraft weiterhin billig, reichlich vorhanden und leicht auszubeuten ist.

Selbst wenn der technologische Wandel nicht die Arbeit vollständig abschaffen wird, hat er doch immer wieder umfassende Arbeitsplatzvernichtung in einzelnen Branchen zur Folge. Mitunter kommt es dazu, weil Technologien die Vollautomatisierung eines bestimmten Arbeitsprozesses ermöglichen. Häufiger aber liegt es daran, dass technische Innovationen Unternehmen die Möglichkeit eröffnen, lange bestehende Hindernisse zu überwinden, die der Steigerung der Arbeitsproduktivität in dem entsprechenden Wirtschaftszweig entgegenstehen. Die Landwirtschaft zum Beispiel war einer der ersten Sektoren, den moderne Produktionsmethoden tiefgreifend verändert haben: Im England des 15. und 16. Jahrhunderts wurden neue Formen der Viehzucht auf eingezäunten Höfen mit Ackerbau in Fruchtfolge kombiniert, um die Erträge zu steigern. Eine Mechanisierung der Landwirtschaft war dagegen aufgrund der unebenen Felder und der Jahreszeitenfolge kaum zu erreichen, und so blieb sie jahrhundertelang eine wichtige Quelle von Beschäftigung.[41] In den vierziger Jahren des 20. Jahrhunderts brachten Fortschritte bei der Herstellung von synthetischen Düngemitteln, Kreuzungen von Saatgut, die Einführung landwirtschaftlicher Maschinen und die Entwicklung von Pestiziden schließlich industrielle Formen von Landwirtschaft und Viehzucht hervor, mit denen sich die gesamte Betriebsweise änderte.[42]

Als Landwirtschaftsbetriebe zunehmend Freiluftfabriken ähnelten, stieg ihre Arbeitsproduktivität steil an. Da die Nachfrage nach Agrarprodukten nur begrenzt wachsen konnte, setzte der Sektor mit unvorstellbarer Geschwindigkeit Arbeitskräfte frei. Noch 1950 waren in Westdeutschland 24 Prozent, in Frankreich 25 Prozent, in Japan 42 Prozent und in Italien 47 Prozent von ihnen in der Landwirtschaft tätig; 2010 lag der Anteil in allen genannten Ländern unter 5 Prozent. In den fünfziger und sechziger Jahren wurden die Methoden der industriellen Landwirtschaft im Zuge der Grünen Revolution an tropische Klimazonen angepasst. Die Folgen für die Beschäftigung waren immens: In den achtziger Jahren war die Mehrheit der Arbeitskräfte weltweit noch in der Landwirtschaft tätig; bis 2018 fiel ihr Anteil auf 28 Prozent.[43] Nicht der »Silikon-Kapitalismus« hat also im 20. Jahrhundert in großem Maßstab Existenzgrundlagen vernichtet, sondern der Stickstoff-Kapitalismus. Einen Mechanismus, der automatisch sichergestellt hätte, dass für die mehreren Hundert Millionen aus der Landwirtschaft verdrängten Menschen neue Jobs entstehen, kennt der Arbeitsmarkt nicht.

Wie in früheren Zeiten werden Erfinder und Ingenieurinnen auch im 21. Jahrhundert Möglichkeiten entdecken, mit denen sich die Hindernisse, die einer industriellen Entwicklung in weiteren Produktionszweigen entgegenstehen, überwinden lassen. Das Problem ist nur, dass in Zeiten langsameren Wirtschaftswachstums die Produktivitätssteigerungsrate regelmäßig sinkt: Firmen verzichten auf umfangreiche Investitionen zur Ausweitung ihrer Produktionskapazitäten; viele neue Maschinen, die auf Messen ausgestellt werden, gelangen daher nie in die Werkshallen. Das heißt nicht, dass die Produktivität in manchen Branchen nicht schnell zunehmen wird. Im Lkw-Fernverkehr, Einzel- und Großhandel zum Beispiel könnten in den kommenden Jahren aufgrund vielfältiger technischer Durchbrüche Jobs wegfallen.[44] In welchem Umfang, ist schwer absehbar, da Kapitalakkumulation und Wachstum der Arbeitsproduktivität quer durch die Branchen nachlassen.

Viel beunruhigender als die Mechanisierung von Lkw und Lagerhallen wäre allerdings, global betrachtet, die der Textil- und Schuhindustrie oder der Elektromontage. Diese Branchen beschäftigen weltweit zahllose Menschen und sind wichtige Devisenquellen für Länder, die ansonsten kaum über Geld verfügen.[45] Besonders Nähen war lange resistent gegen technologische Modernisierung: Es erfordert Fingerfertigkeit im Umgang mit Stoffen, deren Bearbeitung Maschinen vor Probleme stellt; die letzte bedeutende Innovation auf dem Feld erfolgte mit der Singer-Nähmaschine in den fünfziger Jahren des 19. Jahrhunderts. In jüngerer Zeit hat sich die Elektromontage als ähnlich resistent gegen arbeitssparende Neuerungen erwiesen, denn auch dort müssen teilweise winzige Komponenten minutiös bearbeitet werden. Als technische Nachzügler innerhalb hochgradig mechanisierter Produktionsprozesse zählten beide Branchen zu den ersten, die in den sechziger Jahren von der Globalisierung erfasst wurden, als Einzelhandels-, Bekleidungs- und Elektronikunternehmen Aufträge an Zulieferer in Niedriglohnländer vergaben, um eine wachsende Nachfrage zu befriedigen.[46] Die so entstandenen Industrien sind als unterste Glieder in Produktionsketten bis heute wichtig, und die Konkurrenz unter den Zulieferern ist entsprechend erbittert.

Ein großer Teil solcher Arbeiten wurde ab den neunziger Jahren nach China verlagert. Doch gerade jetzt, da die Löhne in China gestiegen sind (wodurch Länder wie Vietnam oder Bangladesch wettbewerbsfähiger wurden), könnten Fortschritte der Robotik lange bestehende Hürden der Mechanisierung in den betreffenden Branchen überwinden. Da die Kapitalakkumulation in Ost- und Südostasien, wo ein Großteil dieser Produktion erfolgt, noch schneller voranschreitet, ist es dort wahrscheinlicher, dass neue Erfindungen tatsächlich als Innovationen in den Fabriken zum Einsatz kommen. Foxconn setzt an seinen Elektromontagebändern »Foxbots« ein, um der Konkurrenz aus Ländern mit niedrigeren Löhnen standzuhalten. In China und Bangladesch verwenden Textilfirmen »Nähroboter« (*sewbots*) und neue Stricktechnologien, die bereits zur Herstellung von »Flyknit«-Sportschuhen weiterentwickelt wurden. Eine Vollautomatisierung ist von solchen Innovationen eher nicht zu erwarten, aber sie könnten binnen kurzer Zeit zahlreiche Jobs vernichten und anderen Niedriglohnländern, beispielsweise in Afrika, den Zugang zur globalen Ökonomie versperren.[47] Ob diese technologischen Entwicklungen zehn oder zwanzig Jahre in der Zukunft liegen, ist unklar, und möglicherweise treten sie überhaupt nicht in nennenswertem Umfang ein. Doch auch ohne bedeutende Fortschritte der Automatisierung könnten Technologien der »Industrie 4.0« und der »smarten Fabrik« die Vorteile einer industriellen Clusterbildung in der Nähe der für ihren Betrieb erforderlichen Dienstleistungen vergrößern, was zur Folge hätte, dass sich Industriejobs stärker in bestimmten Weltregionen konzentrieren.[48]

Indem sie Mechanisierungshindernisse in Branchen überwinden, die bislang viele Menschen beschäftigt haben, können neue Technologien sekundäre Ursachen der unzureichenden Nachfrage nach Arbeitskraft sein. Der Schlüssel zur Erklärung des Phänomens liegt jedoch nicht im hohen Tempo des Stellenabbaus in den betroffenen Branchen, sondern vielmehr darin, dass in der Gesamtwirtschaft nicht ebenso schnell neue Arbeitsplätzen entstehen. Dies wiederum resultiert, wie gesagt, nicht aus einem entfesselten technologischen Wandel, wie die Automatisierungstheoretiker behaupten, denn eine solche Dynamik müsste sich in den Wirtschaftsstatistiken als schnelles Produktivitätswachstum niederschlagen. In Wirklichkeit steigt es jedoch nicht an, sondern sinkt. Der branchenübergreifend geringe Bedarf an Arbeitskraft hat seinen tatsächlichen Ursprung in einem nachlassenden Wirtschaftswachstum, dessen industrieller Motor erschöpft ist, ohne dass sich eine Alternative zu ihm gefunden hätte. Die Tendenz zur ökonomischen Stagnation wird sich in der Ära der Corona-Pandemie nur noch verstärken.

Aus diesem Grund klingen Prognosen einer bevorstehenden pandemiebedingten Automatisierungswelle wenig überzeugend. Sie verwechseln deren technische Machbarkeit (die selbst eher eine wackelige Hypothese denn eine belegte Tatsache ist) mit wirtschaftlicher Tragfähigkeit. Zweifellos investieren manche Firmen in Reaktion auf die Pandemie in Robotik. Walmart etwa hat für seine US-Filialen selbstfahrende Roboter angeschafft, die

Regalbestände scannen und Böden wischen. Einzelhändler experimentieren in der Erwartung, dass das exponentielle Wachstum des Online-Handels anhalten wird, in kleinen stadtnahen Logistikzentren mit dem Einsatz von Robotern, die den Beschäftigten bei der schnelleren Bearbeitung von Bestellungen helfen sollen – breit eingesetzt werden sie aber noch nicht.[49] Und solche Beispiele dürften auch auf absehbare Zeit Ausnahmen von der Regel bleiben. Da kaum Grund zu der Annahme besteht, dass die Nachfrage nach ihren Produkten mit dem Anbruch einer tiefen Rezession steigen wird, werden nur wenige Unternehmen umfangreiche Investitionen tätigen. Stattdessen werden sie sich mit ihren bestehenden Produktionskapazitäten begnügen und durch Stellenabbau und ein erhöhtes Arbeitstempo der verbliebenen Belegschaften ihre Kosten senken – so wie sie es bereits nach der letzten Rezession getan haben.

Allzu oft wird kurzerhand angenommen, die Automatisierung habe sich im letzten Jahrzehnt beschleunigt und diese falsche Einschätzung der Vergangenheit in die Zukunft projiziert. Es bestand aber keine ausreichende Nachfrage, die solche Investitionen in neue Technik gerechtfertigt hätte. In den USA lagen Kapitalakkumulation und Produktivitätswachstum in der zweiten Dekade des 21. Jahrhunderts auf dem niedrigsten Niveau seit 1945. Corona wird die Situation nur noch verschlimmern.

4. Schwache Nachfrage nach Arbeitskraft

Im Mittelpunkt des Automatisierungsdiskurses steht ein Gedanke, den der Wirtschaftswissenschaftler Wassily Leontief auf die Formel »langfristige technologische Arbeitslosigkeit« gebracht hat. Ausgehend von bestimmten Fällen, in denen Jobverluste auf Automatisierung zurückgehen, behaupten die Vertreter dieser Theorie, damit ein allgemeines Phänomen entdeckt zu haben: In den kommenden Jahrzehnten werde die »Vollautomatisierung« zu einer »Vollbeschäftigungslosigkeit« führen. Wie »Walöl« und »Pferdekraft«, schreiben Erik Brynjolfsson und Andrew McAfee in *The Second Machine Age*, könnte schon bald auch die menschliche Arbeitskraft in der heutigen Wirtschaft »selbst ohne Gegenleistung [...] nicht mehr benötigt« werden.[1] Sollte eine solche Vollautomatisierung tatsächlich eintreten, würde die daraus folgende Beschäftigungsapokalypse schnell die Notwendigkeit einer Neugestaltung des gesellschaftlichen Lebens deutlich machen, in dessen Mittelpunkt nicht länger die Lohnarbeit stehen dürfte.[2] In den beiden vorigen Kapiteln habe ich diese Prognose in Zweifel gezogen, aber ebenso wie die Automatisierungstheoretiker argumentiert, dass die Weltwirtschaft an einer zu schwachen Nachfrage nach Arbeitskraft krankt. Ist das mit steigender Arbeitslosigkeit einhergegangen, wie ihr Diskurs nahelegt?

In den entwickelten kapitalistischen Volkswirtschaften ist die Arbeitslosenquote nach der Krise von 2008 steil gestiegen, in der zweiten Dekade des 21. Jahrhunderts aber wieder gefallen, wenn auch deutlich langsamer als nach früheren Rezessionen (siehe Abb. 4.1). 2020 schnellte sie aufgrund der Corona-Rezession erneut in die Höhe – in den USA in beispiellosem Tempo –, aber das hatte mit Automatisierung wenig zu tun. Sofern sich aus der Vergangenheit Schlüsse für die Zukunft ziehen lassen, wird die Arbeitslosigkeit im Lauf dieser Dekade allmählich wieder zurückgehen. Solche Daten passen kaum ins Bild einer langfristigen technologischen Arbeitslosigkeit. Das heißt nicht, dass die Nachfrage nach Arbeitskraft nicht gesunken wäre. Unter dem Druck eines sich verlangsamenden Wirtschaftswachstums manifestiert sich diese sinkende Nachfrage allerdings auf andere Weise: nicht so sehr als Arbeitslosigkeit, sondern in vielfältigen Formen von Unterbeschäftigung, die schwerer zu messen sind.[3]

Wie bereits viele Autoren bemerkt haben, steuern wir weniger auf eine »Zukunft ohne Jobs« zu als auf eine

Abb. 4.1: Arbeitslosenquoten in den USA, Deutschland und Japan

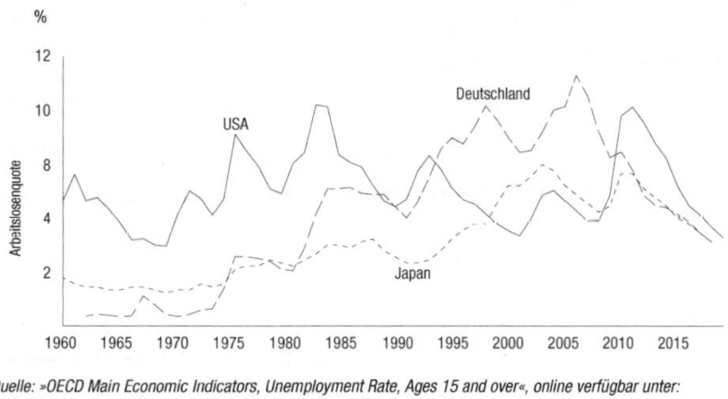

Quelle: »OECD Main Economic Indicators, Unemployment Rate, Ages 15 and over«, online verfügbar unter: {https://stats.oecd.org/Index.aspx?DataSetCode=STLABOUR#} (Stand Februar 2021).

»Zukunft ohne gute Jobs«. Arbeitern fehlt es meistens an Rücklagen, von denen sie, wenn ihr Lohneinkommen wegbricht, längere Zeit leben könnten. »Arbeitnehmer müssen fortwährend arbeiten, um sich zu ernähren«, schreibt der Automatisierungstheoretiker und ehemalige US-Präsidentschaftskandidat Andrew Yang, »deshalb nehmen sie jeden Job an, den sie kriegen können« – auch schlecht bezahlte Teilzeitjobs mit furchtbaren Arbeitsbedingungen.[4] Automatisierungstheoretiker wie Yang deuten dies als Folge einer technologischen Arbeitslosigkeit, die irgendwo im Verborgenen zunimmt. In Wirklichkeit hat aber keine rasante Automatisierung stattgefunden – weder hinter den Kulissen noch anderswo. Dennoch sind im vergangenen halben Jahrhundert immer weniger neue Jobs entstanden, vor allem aufgrund der anhaltenden Verlangsamung des durchschnittlichen Wirtschaftswachstums. Daher ist es für Arbeiterinnen, die während einer Rezession entlassen werden, schwieriger geworden, in der anschließenden schwachen Konjunkturerholung eine vergleichbare Beschäftigung zu finden. Viele haben die Arbeitssuche vollständig aufgegeben. Die Regierungen reagierten auf die schwache Nachfrage nach Arbeit im Allgemeinen nicht mit Programmen zur Umverteilung von Arbeit unter den Erwerbstätigen, sondern mit einem Abbau der Arbeitslosenunterstützung – wer seinen Job verloren hat, sollte jede Arbeit annehmen, auch wenn sie schlechter bezahlt war und erworbene Qualifikationen dadurch wertlos wurden.

Ab den siebziger Jahren begannen die Erwerbslosenquoten in reichen Ländern von einem historischen Tiefstand aus wieder zu steigen; außerhalb der USA blieben sie jahrzehntelang hartnäckig auf hohem Niveau.[5] Dadurch gerieten die Arbeitslosenversicherungen in eine Krise: Sie waren für kurze Phasen zyklischer Arbeitslosigkeit in schnell wachsenden Wirtschaften konzipiert, nicht für Langzeitarbeitslosigkeit inmitten ökonomischer Stagnation. Um die Erwerbslosen wieder zur Arbeit zu bewegen, haben Regierungen auf die Deregulierung des Arbeitsmarktes und Leistungskürzungen gesetzt. Aktive Arbeitsmarktpolitik trat an die Stelle der bisherigen Sozialleistungssysteme als hauptsächliche Antwort auf das Problem.[6] In Dänemark und Schweden versuchten die Regierungen es mit »Fordern und Fördern« – 2016 gaben sie knapp 1 Prozent des BIP für Jobagenturen, Ausbildungsprogramme und Subventionen für Arbeitgeber aus –, erzielten damit aber aufgrund des schwachen Wirtschaftswachstums nur mäßige Erfolge. In den meisten wohlhabenden Ländern war von solchen Programmen noch weniger zu spüren: Die Ausgaben für eine aktive Arbeitsmarktpolitik (direkter Stellenaufbau nicht eingerechnet) lagen in den OECD-Staaten im selben Jahr bei durchschnittlich 0,3 Prozent des BIP.[7]

Unter solchen Bedingungen bleiben nur wenige Lohnabhängige lange arbeitslos. Wie sehr sich die Zustände auf dem Arbeitsmarkt auch verschlechtern, sie müssen trotzdem versuchen, Arbeit zu finden, weil sie zum Überleben ein Einkommen brauchen. Mit einer wachsenden Zahl von Arbeitern, die ohne Rücklagen dastehen, ähnelt die heutige Weltwirtschaft immer stärker den Zuständen, wie Marx sie Mitte des 19. Jahrhunderts in *Das Kapital* analysiert hat. In einer stagnierenden Wirtschaft, erklärte er dort, komme es zur fortschreitenden »Produktion einer relativen Übervölkerung oder industriellen Reservearmee«. Diese »stockende« Überschussbevölkerung »rekrutiert sich fortwährend aus den Überzähligen der großen Industrie« und »bildet [...] ein sich selbst reproduzierendes und verewigendes Element der Arbeiterklasse, das verhältnismäßig größeren Anteil am Gesamtwachstum derselben nimmt als die übrigen Elemente«. Da ihre Arbeit von einem »Maximum der Arbeitszeit und Minimum des Salairs« gekennzeichnet sei, sinke ihre »Lebenslage [...] unter das durchschnittliche Normalniveau der arbeitenden Klasse«. Die Zunahme dieser Bevölkerung war für Marx »*das absolute, allgemeine Gesetz der kapitalistischen Akkumulation*«.[8]

Verfasst vor mehr als 150 Jahren, ist Marx' Analyse heute wieder aktuell. In den langsam wachsenden Wirtschaften der vergangenen Jahrzehnte mussten erwerbslos gewordene Menschen an der Seite von Arbeitsmarkteinsteigern mit schlechten Jobs vorliebnehmen, in denen sie unterdurchschnittlich verdienen und überdurchschnittlich harte Arbeitsbedingungen vorfinden. Anders als zu Marx' Zeiten ist dieses Phänomen heute allerdings durch die sozialstaatlichen Einrichtungen der Nachkriegsära vermittelt, die zwar schwächer geworden sind, aber die Arbeitsmarktentwicklung weiterhin prägen. Von ihrem je nach Land unterschiedlichen Charakter hängt ab, ob die Prekaritätserfahrung breite Teile der Erwerbsbevölkerung erfasst oder auf bestimmte Gruppen beschränkt bleibt.[9]

Am deutlichsten sind solche Verschiebungen in den Vereinigten Staaten zu beobachten, wo nur gewerkschaftlich organisierte Arbeiter einen gewissen Kündigungsschutz genießen. Fast alle anderen Beschäftigten können jederzeit entlassen werden, sofern dabei keine offenkundige Diskriminierung vorliegt. Von 1974 bis 2019 lag die US-Arbeitslosenquote vor allem aufgrund eines schwächeren Beschäftigungsaufbaus nach Rezessionen im Schnitt 30 Prozent über dem Niveau der Jahre 1948 bis 1973. Im selben Zeitraum ist der gewerkschaftliche Organisationsgrad in der Privatwirtschaft deutlich gesunken: von fast 30 Prozent in den frühen siebziger Jahren auf 6 Prozent im Jahr 2019. Daher konnten Unternehmen die höhere Erwerbslosigkeit, die unter den Beschäftigten die Angst um den eigenen Arbeitsplatz schürte, nutzen, um Druck auf die Belegschaft auszuüben. Da viele im Falle einer Entlassung Schwierigkeiten hätten, eine neue Beschäftigung zu finden, akzeptieren sie gezwungenermaßen die weitgehende Stagnation der Reallöhne als Bedingung dafür, überhaupt noch Arbeit zu haben.[10]

Einige Ökonomen behaupten dagegen, die Arbeitsmarktsituation in den USA habe sich in den letzten Jahrzehnten nur für Arbeiter ohne College-Abschluss wirklich verschlechtert. Der technologische Wandel, so ihre weniger zugespitzte Variante der Automatisierungsthese, habe den Arbeitsmarkt ausgehöhlt, Stellen im mittleren Lohnsegment vernichtet und so eine Polarisierung in Hoch- und Niedriglohnjobs gefördert. Die Automatisierung einfacher Tätigkeiten hat demnach zu einem steigenden Lohnzuschlag für Beschäftigte mit College-Abschluss geführt und einen Wettlauf zwischen Bildung und Maschinen ausgelöst.

Es trifft fraglos zu, dass Erfahrungen von Prekarität in den USA erheblich von Bildungsniveau und Hautfarbe abhängen; Menschen mit geringerer Bildung sowie *People of Color* sind deutlich stärker von Arbeitslosigkeit betroffen. Richtig ist auch, dass sich in den achtziger und neunziger Jahren ein Teil der Bevölkerung durch einen College-Abschluss dem Druck auf die Löhne entziehen konnte. Zu Beginn des 21. Jahrhunderts jedoch – also gerade als sich die Automatisierung der Wirtschaft angeblich beschleunigte – wuchs die Zulage für College-Absolventen nicht mehr, ihre Löhne begannen zu stagnieren. Die meisten Arbeitnehmer mit College-Abschluss verdienten 2018 sogar weniger als 2000, obwohl die Verschuldung durch Studienkredite im selben Zeitraum dramatisch stieg. Grund dafür ist, dass sich das Wirtschaftswachstum und damit die Schaffung neuer Arbeitsplätze ab dem Jahr 2000 deutlich verlangsamten, während der Besuch des Colleges immer gewöhnlicher wurde: 2019 hatten 40 Prozent der Arbeitnehmer im Haupterwerbsalter (25 bis 54 Jahre) einen College-Abschluss. Er bot nun weniger Schutz vor immer schlechteren Aussichten auf dem Arbeitsmarkt. College-Absolventen verdrängten Arbeiter mit geringerem Bildungsniveau aus Jobs, für die ein solcher Abschluss zuvor nicht erforderlich war. Gleichzeitig sank unter den jüngeren von ihnen der Anteil derer, die über eine arbeitgeberfinanzierte Krankenversicherung verfügten, um die Hälfte, von 61 Prozent (1989) auf 31 Prozent (2012). Auch wenn sie mehr verdienen als Lohnabhängige mit niedrigerem Bildungsniveau, sind viele von ihnen prekär beschäftigt.[11]

Ungewöhnlich ist an den USA im internationalen Vergleich eben dieses Ausmaß, in dem Erfahrungen von wirtschaftlicher Prekarität in der Erwerbsbevölkerung verbreitet sind. Auch die meisten regulär Beschäftigten sehen sich dort einem hohen Risiko ausgesetzt, in einer von schwacher Nachfrage nach Arbeitskraft gekennzeichneten Wirtschaft ihren Job zu verlieren, da sie jederzeit entlassen werden können. Für die Unternehmen besteht in den USA folglich weniger Anlass als in anderen Ländern, neuartige Arbeitsverhältnisse zu schaffen, um von der schwachen Position der Beschäftigten zu profitieren. Zwar wird das geltende Arbeitsrecht teilweise mit eigenwilligen Konstruktionen umgangen – das zeigt etwa der kleine, aber bezeichnende Boom von Unternehmen der Gig Economy wie Uber und Lyft, die Arbeit über Online-Plattformen anbieten, weil sie ihre Beschäftigten so als Selbständige deklarieren können.[12] Doch alles in allem waren 2017 nur 10 Prozent der amerikanischen Arbeitnehmer als Selbständige, mit Arbeit auf Abruf, Zeitarbeit oder befristeten Verträgen in solchen Verhältnissen beschäftigt.[13]

Verglichen damit stellen sich die Beschäftigungsverhältnisse in europäischen und wohlhabenden ostasiatischen Ländern komplizierter dar. Ihre Arbeitsmarktinstitutionen wurden in der Nachkriegszeit zumeist nicht von linken, sondern von konservativen Regierungen entworfen, die großen Wert auf die eigene nationale Identität, auf Familienstrukturen mit männlichem Alleinernährer und die Aufrechterhaltung relativ starrer Betriebshierarchien legten.[14] Im Gegenzug dafür, dass sie die korporatistischen Beziehungen akzeptierten, erhielten die regulär beschäftigten männlichen Alleinernährer einen weitreichenden Kündigungsschutz: Willkürliche Entlassungen waren, anders als in den USA, nicht erlaubt.

Ein grobes Maß für die Auswirkungen dieser Regelung bietet der OECD-Index der Beschäftigungssicherheit, der den Schutz vor Kündigung auf einer Skala von 0 bis 6 erfasst. Während Festangestellte in den USA es mit einem Wert von 0,5 nur knapp in den Index schafften, waren sie in Großbritannien (1,2), Japan (1,6), Deutschland (2,5), Italien (2,5) und Frankreich (2,6) deutlich besser geschützt (siehe Abb. 4.2).[15] In diesen Ländern waren sie dem Druck des Marktes, den eine sinkende Nachfrage nach Arbeitskraft erzeugt, weitgehend entzogen. Selbst als die Arbeitslosenquote auf 10 Prozent und darüber hinaus stieg, konnten sie weiterhin für höhere Tariflöhne kämpfen. Gleichzeitig fiel die Arbeitslosenunterstützung in diesen Ländern großzügiger aus als in den USA.

In den meisten reichen Ländern hatte die ab Mitte der siebziger Jahre steigende Arbeitslosigkeit daher zunächst keine Stagnation der Reallöhne wie in den USA zur Folge. Am härtesten traf sie, neben den Arbeitslosen selbst, die Frauen der noch beschäftigten Arbeiter sowie die nächste Generation. Die Beschäftigungskrise machte sich in Form eines immer stärkeren Ausschlusses bemerkbar; anstatt breite Teile der Erwerbsbevölkerung zu erfassen, konzentrierte sie sich in bestimmten Gruppen. Ältere Arbeitslose wurden in den Vorruhestand gedrängt. Verheirateten Frauen wurde nahegelegt, keine Erwerbsarbeit aufzunehmen, was sich in vielen europäischen Ländern und Japan – Schweden bildet eine wichtige Ausnahme – bis in die erste Dekade des 21. Jahrhunderts in niedrigen Frauenerwerbsquoten niederschlug.[16]

Angesichts eines stärkeren Kündigungsschutzes mussten europäische und ostasiatische Unternehmen institutionelle Veränderungen in den Beschäftigungsverhält-

Abb. 4.2: OECD-Index der Beschäftigungssicherheit (2013/14)

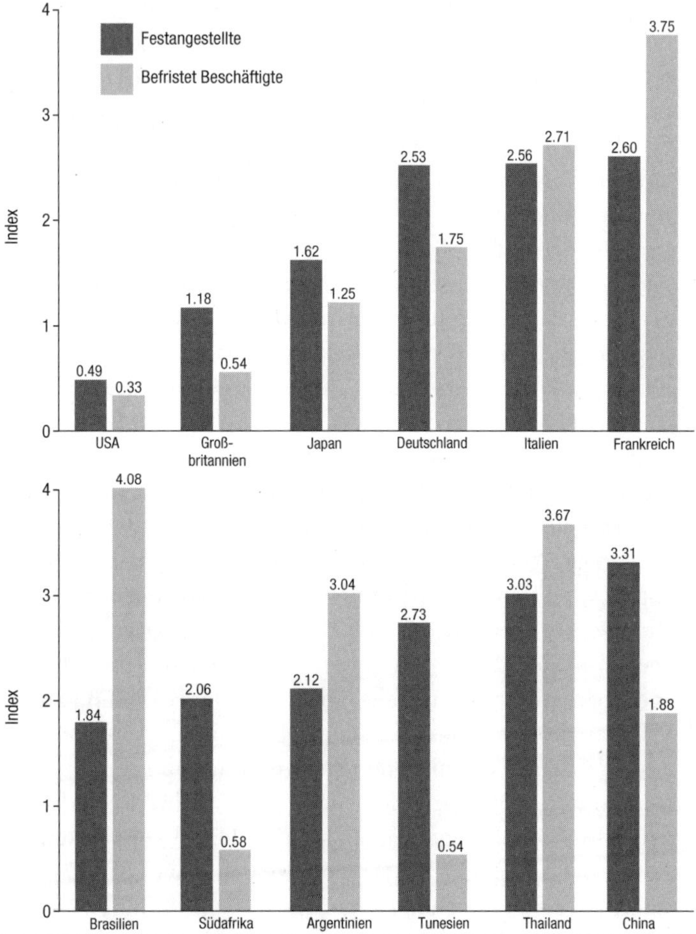

Quelle: OECD, »Index of E mployment Protection, 2013–14«, online verfügbar unter: {http://www.oecd.org/employment/emp/oecdindicatorsofemploymentprotection.htm} (Stand Februar 2021). In die Indikatoren fließen die Stärke des Kündigungsschutzes sowie das Ausmaß zeitlich befristeter Verträge ein. Sie setzen sich aus 21 Einzelwerten zu drei Aspekten des Kündigungsschutzes zusammen, wie er im jeweiligen Land am 1. Januar in Kraft war.

nissen durchsetzen, um von der schwachen Nachfrage nach Arbeitskraft zu profitieren. Auf ihren Druck hin verwehrten die Regierungen Erwerbslosen und Arbeitsmarkteinsteigern solchen Schutz und drängten sie so in sogenannte atypische, durch vertragliche Einschränkungen gekennzeichnete Beschäftigungsverhältnisse – Teilzeitjobs, Leiharbeit oder Ähnliches, etwa Minijobs in Deutschland –, die zuvor de facto Hausfrauen vorbehalten waren und lediglich einen Zuverdienst ermöglichen sollten, aber mittlerweile für viele Haushalte zur Haupteinkommensquelle geworden sind.[17] Im Vergleich mit regulär Beschäftigten genießen Erwerbstätige in atypischen Beschäftigungsverhältnissen weniger Schutz vor Entlassung.[18]

Der Begriff »Prekarität« fand Eingang in den allgemeinen Sprachgebrauch, als Proteste gegen Gesetzesänderungen aufkamen, die für viele Lohnabhängige, insbesondere Frauen und Arbeitsmarkteinsteiger, mehr Unsicherheit bedeuteten.[19] In Italien zum Beispiel gewährte die Biagi-Reform von 2003 den Unternehmen mehr »Flexibilität« bei der Entlassung von Teilzeitkräften und Leiharbeitern; in Deutschland brachten die Hartz-IV-Reformen von 2004 tiefe Einschnitte in die Arbeitslosenunterstützung mit sich. Ähnlich gelagerte Versuche, Arbeitsmarkteinsteigern grundlegende Sicherheiten zu verwehren, scheiterten in Frankreich 2006 und erneut 2016 am Widerstand von Lohnabhängigen. Trotz aller Gegenwehr hat sich auf den Arbeitsmärkten in Westeuropa und den wohlhabenden Ländern in Ostasien eine immer tiefer werdende Kluft aufgetan zwischen regulär Beschäftigen einerseits, die vergleichsweise gut abgesichert sind, und einer wachsenden Masse von (vorwiegend jüngeren) Arbeitern in atypischen Beschäftigungsverhältnissen andererseits, denen entsprechende Sicherheiten fehlen.[20] Der Anteil solcher Jobs an der Gesamtbeschäftigung hat sich von 1985 bis 2013 vergrößert: in Frankreich von 21 auf 34 Prozent, in Deutschland von 25 auf 39 Prozent, in Italien von 29 auf 40 Prozent und in Großbritannien von 30 auf 34 Prozent. In Japan ist der Anteil der »nicht-regulären Beschäftigung« (vergleichbar der Kategorie der »atypischen Beschäftigung«) von 17 Prozent (1986) auf 34 Prozent (2008) gestiegen, eine ähnliche Entwicklung gibt es in Südkorea. Bei den neu geschaffenen Jobs haben sich die Proportionen noch dramatischer zugunsten der atypischen Beschäftigungsverhältnisse verschoben: Von 1990 bis 2010 fielen in den OECD-Staaten 60 Prozent davon in diese Kategorie.[21]

So waren immer mehr Arbeitskräfte der damit verbundenen Unsicherheit ausgesetzt – in einer Zeit, in der sie im Falle einer Entlassung nur mit Mühe einen neuen Job finden können, da sich die Schaffung von Arbeitsplätzen in den schwächelnden Volkswirtschaften verlangsamt hat. Ihre Lohnforderungen mussten sie daher mäßigen. In den OECD-Ländern stiegen die Reallöhne von 1995 bis 2013 um durchschnittlich 0,8 Prozent im Jahr, obwohl die Arbeitsproduktivität um jährlich 1,5 Prozent zulegte, was zu einer signifikanten Einkommensumverteilung nach oben führte (wenngleich nicht so stark wie in den USA, wo die Raten bei 0,5 bzw. 1,8 Prozent lagen).[22]

Überschüssige Arbeitskraft im Weltmaßstab

Der globale Süden weist eine Mischung von europäischen und amerikanischen Mustern auf, die allerdings extremere Formen annehmen als auf beiden Seiten des Atlantiks. Einerseits führten die Entwicklungsstaaten in der postkolonialen Nachkriegszeit zumeist Arbeitsgesetze ein, die denen in den entwickelten europäischen Ländern ähnelten oder sogar noch stärker ausfielen. Ziehen wir erneut den OECD-Index heran, dann zeigt sich, dass Beschäftigte mit unbefristeten regulären Verträgen in Argentinien (2,1), Brasilien (1,8) und Südafrika (2,1) mehr Schutz genossen als vergleichbare Beschäftigte in Großbritannien (1,2) – in China (3,3), Indien (3,5), Thailand (3,0) und Tunesien (2,7) waren sie sogar besser abgesichert als in Frankreich (2,6). Andererseits haben dort weniger Beschäftigte Zugang zu solchen geschützten Jobs – es gibt sie in der Regel nur im öffentlichen Dienst und in großen Fabriken –, sodass die riesige Mehrheit der Lohnabhängigen in einer Vielzahl von atypischen Beschäftigungsverhältnissen unterkommen muss, die noch weniger Schutz bieten als die unsichersten Jobs in den USA.

In Afrika, Asien und Lateinamerika wurde die Ausbreitung atypischer Beschäftigungsverhältnisse schon lange vor dem Beginn der globalen Deindustrialisierung zu einem erheblichen Problem. Bereits in den fünfziger und sechziger Jahren überstieg dort die Nachfrage nach Jobs bei Weitem das Angebot, da die Erwerbsbevölkerung außerhalb der Landwirtschaft mit hohem Tempo zunahm und nach Beschäftigung in nur langsam wachsenden importsubstituierenden Industrien suchte. Arbeitsmarktforscher bemerkten ein wachsendes Heer von Straßenhändlerinnen, Kleinstproduzenten und Transportdienstleistern, für das sie die Kategorie der »Beschäftigung im informellen Sektor« schufen.[23] Dieser Sektor wuchs in den achtziger und neunziger Jahren immens, da immer mehr Länder verheerende Strukturanpassungsmaßnahmen durchführten, mit denen sie in einer Zeit verschärfter internationaler Konkurrenz die Öffnung ihrer Märkte forcierten.[24] Arbeiter, die ihre regulären Jobs in Großunternehmen und im öffentlichen Dienst verloren – oder drastische Lohnkürzungen erlitten –, wurden in einer Zeit, die sich in zahlreichen Ländern als endlose Wirtschaftskrise darstellte, zusammen mit Arbeitsmarkteinsteigerinnen in informelle Verhältnisse gezwungen. Unterdessen ersetzten Unternehmen mit allerlei Tricks formelle durch informelle Beschäftigte, um vom wachsenden Überschuss an Arbeitskräften zu profitieren, und drängten die Regierungen zum Abbau des Kündigungsschutzes, da eine solche Maßnahme die Konjunktur beleben würde.[25]

Anders als die meisten anderen Länder des globalen Südens erlebte China in den achtziger und neunziger Jahren ein rasantes Wirtschaftswachstum, das allerdings stärker als in jedem anderen Land darauf beruhte, neue Kategorien rechtlich benachteiligter Arbeiter zu schaffen. Den *nongminggong*, die sich als Wanderarbeiter in den städtischen Zentren verdingen, aber auf dem Land registriert sind, wurden systematisch Rechte vorenthalten, die andere Arbeiter in den Städten haben. Die Betroffenen, die etwa in der Exportindustrie Hemden nähen und Elektrogeräte montieren, mussten aufgrund ihres schwachen Kündigungsschutzes und starker Konkurrenz um solche Jobs jeden Gedanken an die Forderung nach höheren Reallöhnen aufgeben.[26]

Die Ausweitung atypischer Beschäftigungsverhältnisse hat weltweit unzählige Menschen in die Prekarität abgedrängt. Das gilt besonders in den Regionen des globalen Südens, wo den meisten Beschäftigten selbst rudimentäre Rechte und Arbeitslosenunterstützung verwehrt bleiben. Kaum ein Fünftel der Erwerbslosen weltweit erhielt 2012 Unterstützung.[27] Wer seinen Job verliert, muss so schnell wie möglich eine neue Einkommensquelle finden – daher betrug die globale Arbeitslosenquote 2019 nur 4,9 Prozent, obwohl ein weithin anerkannter Mangel an Arbeitsmöglichkeiten besteht. In den meisten Fällen folgt auf einen Jobverlust informelle Beschäftigung.[28] Laut der International Labour Organization hatten 2015 überhaupt nur 26 Prozent der globalen Erwerbsbevölkerung eine ständige Beschäftigung in Voll- oder Teilzeit, womit 74 Prozent bleiben, die zeitlich befristet angestellt oder – teils ohne jeden Vertrag für einen Arbeitgeber, teils als Selbstständige – informell tätig waren.[29]

Insofern ist die Bezeichnung »atypische Beschäftigung« eindeutig falsch – sie zeugt noch vom Nachkriegstraum der Vollbeschäftigung, der nie weltweit Realität wurde, besonders in den Weltregionen nicht, in denen die meisten Menschen leben.[30] Praktisch bedeutet dies, dass die Lohnabhängigen – mit Ausnahme einer winzigen Minderheit geschützter Beschäftigter – heute weltweit den Schwankungen auf einem generell von schwacher Nachfrage gekennzeichneten Arbeitsmarkt ausgesetzt sind. Viele fürchten, dass sie im Falle eines Jobverlusts nur mit Mühe neue Beschäftigung finden würden, da bereits derart viele Menschen, die über dieselben Fähigkeiten und Qualifikationen verfügen wie sie, erwerbslos oder unterbeschäftigt sind und Arbeit suchen. Angesichts unsicherer Beschäftigung müssen sie weitgehend stagnierende Löhne und schlechte Arbeitsbedingungen akzeptieren. Dieser Zustand ist nicht in erster Linie das Resultat neuer digitaler Technologien. Er folgt vielmehr aus jahrzehntelangen Überkapazitäten und Unterinvestitionen, die den Wachstumsmotor der Weltwirtschaft zum Erlahmen gebracht haben (und zwar zu einer Zeit, als die globale Erwerbsbevölkerung noch wuchs). Falls sich die staatliche Politik nicht drastisch ändert, wird die Corona-Rezession diese Trends in den kommenden Jahren nur noch verstärken.

Postindustrielle Tristesse

Die Arbeitslosigkeit ist im Zuge der Corona-Rezession deutlich gestiegen; aufgrund der beschriebenen strukturellen Veränderungen des Arbeitsmarkts dürfte sie sich mit der Zeit in verschiedenste Formen von Unterbeschäftigung auflösen:[31] Da die Betroffenen nicht lange ohne Job auskommen, wird ihnen keine andere Wahl bleiben, als auch unterdurchschnittliche Bezahlung und belastende Arbeitsbedingungen zu akzeptieren. Wer gar keine Arbeit findet, wird versuchen, seinen Lebensunterhalt im informellen Sektor zu verdienen, oder ganz aus der Erwerbsbevölkerung herausfallen. Eine starke Beschäftigungsunsicherheit ist – besonders in Rezessionsjahren wie 2020 – prägend für das Leben in stagnierenden Volkswirtschaften geworden; künstlerisch verarbeitet wurde sie in neueren Science-Fiction-Dystopien einer überflüssig gemachten Menschheit: Während sich die meisten Menschen buchstäblich jede zusätzliche Lebensminute einzeln verdienen müssen, verfügen die reichsten Anleger mit ihren gewaltigen Kapitalvermögen über das monetäre Äquivalent von Unsterblichkeit.[32]

Als Mitte der sechziger Jahre das globale Überangebot an Arbeit größer wurde, begannen Firmen Lohngefälle auszunutzen und Zulieferer gegeneinander auszuspielen, um sich mithilfe billiger Arbeitskräfte auf den übersättigten Märkten gegen ihre Konkurrenten durchzusetzen. Industrieunternehmen haben sich die Beschäftigungsunsicherheit nicht nur in Tausenden von Exportzonen in ärmeren Ländern zunutze gemacht, sondern auch in reicheren Ländern, wo sie durch abgestufte Arbeitsverträge und Beschäftigungsformen jenseits des gewöhnlichen Arbeitsrechts Lohnforderungen dämpfen konnten. Doch in der Industriefertigung sind nur rund 17 Prozent der globalen Erwerbsbevölkerung tätig, hinzu kommen 5 Prozent im Bergbau, Transport und bei öffentlichen Versorgungsunternehmen.[33] Die überwältigende Mehrheit der unterbeschäftigten Arbeitskräfte auf der Welt verschlägt es daher in den heterogenen Dienstleistungssektor, auf den in Ländern mit hohem Einkommen 70 bis 80 Prozent der Gesamtbeschäftigung und in Nigeria, der Türkei, den Philippinen, Mexiko, Brasilien, Südafrika sowie dem Iran die Mehrheit der Erwerbsbevölkerung entfallen.[34] Diese globale postindustrielle Ökonomie weist indes wenig Ähnlichkeit mit jener auf, deren Entstehung der Soziologe Daniel Bell 1973 prognostizierte: Sie besteht nicht aus Forschern, Tennislehrerinnen und Sterne-Köchen, sondern überwiegend aus Straßen-Friseuren,

Hausangestellten, umherziehenden Obsthändlerinnen und Regalauffüllern bei Walmart.[35]

Das Grundmuster des Beschäftigungswachstums im Dienstleistungssektor wurde am treffendsten von William Baumol, Wirtschaftswissenschaftler an der Princeton University, in den sechziger Jahren beschrieben. Seine Theorie hilft zu verstehen, warum die Unterbeschäftigung in diesem Sektor so kennzeichnend ist für die Wirtschaft des 21. Jahrhunderts – und das von den Automatisierungstheoretikern gezeichnete Bild so schief.[36] Die Zunahme von Dienstleistungsjobs führt Baumol darauf zurück, dass das Produktivitätswachstum in diesem Sektor typischerweise weit geringer ist als in der Industrie. Eine Expansionsdynamik, bei der der Output schneller wächst als die Produktivität und diese wiederum schneller als die Beschäftigung (wie es bis 1973 in der Industrie der Fall war), weist der Sektor gewöhnlich nicht auf. Stattdessen kommt das Wachstum seines Outputs durch mehr Beschäftigung zustande (siehe Abb. 4.3 und 4.4). In Baumols Beschreibung des verhältnismäßig »stockenden« Dienstleistungssektors klingen Marx' Überlegungen zur verhältnismäßig »stockenden« Überschussbevölkerung an.[37] Zwischen der weltweiten Ausdehnung dieses stagnierenden Sektors und der immer deutlicheren Stagnation der Weltwirtschaft besteht ein klarer Zusammenhang.[38] Das bedeutet letztlich nichts anderes, als dass, wie oben beschrieben, nach dem Einsetzen der globalen Deindustrialisierung nichts den ehemals robusten industriellen Wachstumsmotor ersetzen konnte – auch nicht die Zunahme von Dienstleistungsjobs.

Der Dienstleistungssektor als solcher ist nicht schlechthin resistent gegen Prozessinnovationen, die ein

Abb. 4.3: Dienstleistungssektor in den USA, Frankreich und Italien (1980-2010)

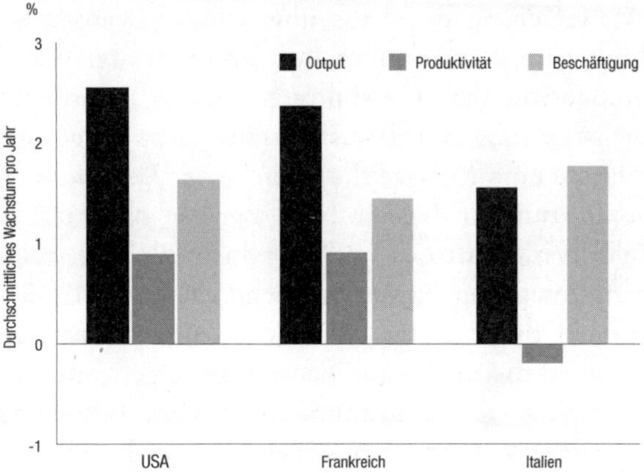

Abb. 4.4: Dienstleistungssektor in Thailand, Mexiko und Südafrika (1980-2010)

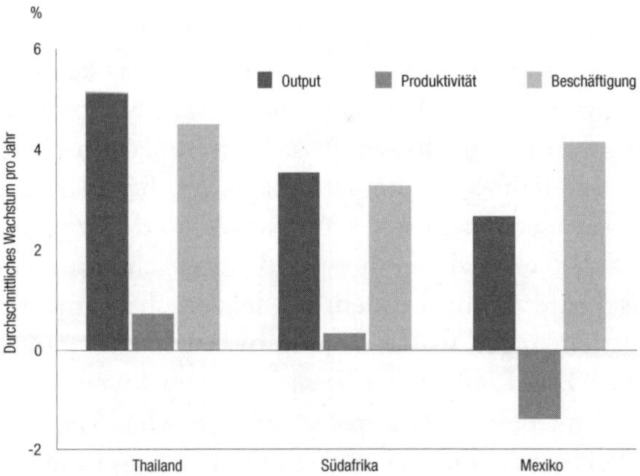

Quelle: Groningen Growth and Development Centre, 10-Sector Database (Januar 2015), online verfügbar unter: {https://www.rug.nl/ggdc/structuralchange/previous-sector-database/10-sector-2014?lang=en} (Stand Februar 2021).

rasantes Produktivitätswachstum erzeugen. Bei vielen solcher Tätigkeiten konnten Hindernisse der Produktivitätssteigerung durchaus überwunden werden – allerdings gerade durch ihre Industrialisierung. Wie der Soziologe Jonathan Gershuny gezeigt hat, wurden viele Dienstleistungen in Haushaltsgüter verwandelt: »Die Waschmaschine ersetzte die Dienste der Wäscherei, der Rasierapparat den Besuch beim Barbier, das Auto den öffentlichen Transport.«[39] Zu industriell hergestellten Gütern geworden, konnten solche ehemaligen Dienstleistungen dynamische Effizienzgewinne verzeichnen. Tätigkeiten, die bis heute Dienstleistung geblieben sind, haben sich – aufgrund zumindest bislang bestehender Hindernisse – als resistent gegen eine solche Industrialisierung erwiesen.[40]

Es ist sicherlich denkbar, dass es im digitalen Zeitalter – ähnlich wie in der Industrie beim Nähen und der Elektromontage – möglich sein wird, durch technologische Durchbrüche weitere Dienstleistungstätigkeiten in immer effizienter hergestellte Industriegüter zu transformieren. Ein Beispiel dafür bietet das allmähliche Verschwinden von Reisebüros. Es wäre jedoch ein gravierender Fehler zu meinen, die wesentlichen Hindernisse für ein dynamisches Wirtschaftswachstum wären lediglich technischer Natur und durch entsprechende Fortschritte zu überwinden, mit denen sich stagnierende Dienstleistungen in florierende Industrien verwandeln ließen. Das Haupthindernis bleibt ein weltweiter Überschuss an technischen Kapazitäten, der sich in übersättigten Weltmärkten niederschlägt und den Output in sämtlichen Produktionszweigen nur langsam wachsen lässt. Auch nach dem Einsetzen der globalen Deindustrialisierung in den siebziger Jahren sind etliche industrielle Massenprodukte entstanden (zum Beispiel eine Vielzahl von Unterhaltungselektronikgeräten), doch diese neueren Industrien litten unter noch schlimmeren Überkapazitäten als ältere Branchen. Dasselbe Schicksal würde die Hersteller jedes Geräts ereilen, das eine heutige Dienstleistung ersetzt. Erwerbslose und Arbeitsmarkteinsteiger wären genau wie heute gezwungen, Jobs in den Tätigkeitsbereichen, die es noch gibt, zu suchen – und würden sich dabei weiterhin eine wesentliche Eigenschaft der entsprechenden Jobs zunutze machen, die ihnen wenigstens noch die Möglichkeit von Unterbeschäftigung bieten.

Da sich Dienstleistungen nicht auf nachfragesteigernde Preiseffekte stützen können – auf zunehmende Produktivität, die zu sinkenden Preisen und so zu mehr Absatz führt –, sollten wir bei ihnen nur ein allmähliches Beschäftigungswachstum erwarten. Wie Baumol gezeigt hat, leidet der Sektor unter einer »Kostenkrankheit«: Aufgrund ihres geringen Produktivitätswachstums werden Dienstleistungen im Verhältnis zu Gütern immer teurer.[41] Mehr Nachfrage nach ihnen kann daher nur durch Einkommenseffekte entstehen – sie steigt, wenn die Einkommen in der Wirtschaft insgesamt steigen. Da sich das Wirtschaftswachstum aber mit dem Erlahmen seines industriellen Motors verlangsamt, dürfte auch die Zunahme von Dienstleistungsjobs nachlassen; in den fortgeschrittenen kapitalistischen Ländern ist das im Allgemeinen bereits der Fall. Gleichwohl erfolgte in bestimmten Dienstleistungszweigen, deren rechtlich-institutionelle Rahmenbedingungen einen Rückgriff auf prekäre Arbeit ermöglicht haben, ein stetiger Beschäftigungsaufbau. Und genau hier kommt die Logik der Unterbeschäftigung ins Spiel.

Wie sich zeigt, ist es nämlich durchaus möglich, die Preise einiger Dienstleistungen auch ohne entsprechenden Produktivitätszuwachs zu senken und so trotz der allgemeinen wirtschaftlichen Stagnation die Nachfrage nach ihnen zu steigern – indem man die Löhne senkt oder zumindest sicherstellt, dass sie noch langsamer steigen als die mit der Zeit vielleicht marginal zunehmende Produktivität.[42] Eben weil sich diese so schwer steigern lässt, besteht für die Arbeitgeber ein Anreiz, die Löhne weiter zu drücken, um mit der Konkurrenz Schritt zu halten oder sie zu überholen. Dasselbe Prinzip gilt für Selbständige: Sie können die Nachfrage nach ihrer Arbeit steigern, indem sie diese billiger anbieten – auf Kosten ihres Einkommens.

Der Dienstleistungssektor eignet sich für einen solchen Beschäftigungsaufbau durch Überausbeutung besonders gut, da die Löhne hier einen größeren Anteil des Endverbraucherpreises ausmachen. Aufgrund der zumeist niedrigen Arbeitsproduktivität können im Dienstleistungsbereich kleine Familienbetriebe mit kapitalstarken Unternehmen konkurrieren, sofern sie ihr Einkommen auf ein Minimum reduzieren. Besonders in Ländern mit niedrigen und mittleren Durchschnittseinkommen ist das Produktivitätswachstum in vielen Dienstleistungsbereichen negativ ausgefallen, da die Menschen versuchten, sich mit Strategien, die de facto einen Rückgang der Effizienz bewirkten, Arbeit zu verschaffen.

Wie stark Unternehmen die Situation von Arbeitskräften mit unsicherem Einkommen ausnutzen können, um Beschäftigungsformen zu entwickeln, die letztlich in

Verelendung münden, hängt folglich von der Stärke des Arbeitnehmerschutzes im jeweiligen Land ab. Wie oben gezeigt, haben Regierungseingriffe in Volkswirtschaften mit schwacher Nachfrage nach Arbeitskraft in der Regel den Abbau solcher Rechte vorangetrieben. Für die OECD war das sogar ein erklärtes Ziel: Als Mittel zur Senkung der Arbeitslosenquoten hat sie stets die »Flexibilisierung des Arbeitsmarktes« befürwortet. In den späten achtziger Jahren hatten OECD-Ökonomen erkannt, dass die Unternehmen angesichts nachlassenden Wirtschaftswachstums wohl kaum genügend in ihren Kapitalstock investieren würden, um neue hochproduktive, hochbezahlte Jobs zu schaffen. Deshalb kamen sie zu der »unvermeidlichen« Folgerung, dass für einen »einigermaßen raschen Beschäftigungszuwachs die Schaffung zahlreicher Jobs erforderlich wäre, die unterdurchschnittlich kapitalintensiv sind und mit denen – als Konsequenz daraus – ein entsprechend bescheidener Reallohn zu erzielen ist«. Mit dem Beispiel der USA vor Augen, wo die Arbeitslosenquote gefallen sei, weil »der durchschnittliche Reallohn bei den neuen Jobs [...] unter dem der existierenden Jobs« gehalten wurde, begann die OECD diese verdrehte Strategie des Beschäftigungsausbaus überall zu propagieren.[43] Dass die Phase der wirtschaftlichen Stagnation so lange anhalten sollte, konnten ihre Ökonomen nicht ahnen. Welche sozialen Verwerfungen diese Politik bewirken würde, hätten sie allerdings vorhersehen müssen.

Mit zunehmender Unterbeschäftigung muss sich die bestehende Ungleichheit verschärfen. Zahllose Menschen finden nur so lange Arbeit, wie ihre Einkommenszuwächse unter den Durchschnitt gedrückt werden. Wie die Ökonomen David Autor und Anna Salomons bemerkt haben, bedeutet »die Verdrängung von Arbeit nicht zwangsläufig einen Rückgang der Beschäftigung, der gearbeiteten Stunden oder der Löhne«, sondern kann sich auch in einer relativen Verelendung der Arbeiterklasse verbergen, wenn »das Gesamteinkommen aus Arbeit – die gearbeiteten Stunden multipliziert mit den entsprechenden Stundenlöhnen – weniger schnell wächst als die Wertschöpfung«.[44] Infolgedessen wird die Kluft zwischen dem Produktivitätswachstum und dem durchschnittlichen Anstieg der Reallöhne immer breiter; in den G20-Ländern hat dies im Lauf der letzten fünfzig Jahre zu einer Einkommensverschiebung um 9 Prozent von den Löhnen zu den Kapitaleinkünften beigetragen. Weil sich eine winzige Klasse von Vermögensbesitzern einen immer größeren Teil des Einkommenszuwachses sichern konnte, ist die weltweite Lohnquote von 1980 bis 2005 um 5 Prozent gesunken.[45]

Wie bereits erörtert, hat die Ungleichheit noch viel stärker zugenommen, als selbst diese Statistiken vermuten lassen, denn die Verteilung der Einkommen aus Arbeit ist ihrerseits ungleicher geworden – die größten Gehaltssteigerungen verzeichneten Manager. Von den späten achtziger Jahren bis zu Beginn der zweiten Dekade des 21. Jahrhunderts hat die Arbeitsproduktivität in den OECD-Ländern schneller zugenommen als die durchschnittlichen Löhne, die wiederum schneller stiegen als die Medianlöhne.[46] Ein Beschäftigungswachstum, das Elend erzeugt, verstärkt sich mit der Zeit selbst. Bestimmte Wirtschaftssektoren expandieren durch die Ausbeutung eines Reservoirs an unterbeschäftigten Arbeitskräften und werden schließlich von deren dauerhafter Verfügbarkeit abhängig. Wie in Bong Joon-hos preisgekröntem Film *Parasite* (2019) geistreich dargestellt, wird es für Familien von Managern und Vermögensbesitzern naheliegend, immer mehr Aufgaben nicht selbst zu erledigen, sondern dafür Angehörige von Arbeiterfamilien als Privatlehrerinnen, Haushaltshilfen, Chauffeure, Tagesmütter oder persönliche Assistenten anzustellen – einfach weil deren Arbeitskraft so viel billiger ist als die eigene.[47]

Diese Trends sprechen dafür, dass die von den Automatisierungstheoretikern erwartete apokalyptische Krise, ausgelöst von einem versagenden Arbeitsmarkt, nicht eintreten wird. Die Arbeitslosigkeit wird auch weiterhin bei Abschwüngen steigen – wie wir es mit der Corona-Rezession zurzeit erneut, und in gewaltigem Ausmaß, erleben – und sich im Zuge des darauf folgenden schwachen Aufschwungs langsam, aber sicher in zunehmender Unterbeschäftigung und Ungleichheit auflösen. Der Zukunftsforscher Martin Ford erklärt in *Aufstieg der Roboter*, es sei sein größter Albtraum, dass sich »das globale Wirtschaftssystem an die neue Realität anpasst«, in der Arbeitskräfte überflüssig gemacht werden. In Wirklichkeit ist das längst der Fall. »Die spätkapitalistische Triage der Menschheit hat«, wie Mike Davis schreibt, »bereits stattgefunden.«[48] Sofern nicht kollektives politisches Handeln diese Entwicklung aufhält, dürfte sie sich in den kommenden Jahrzehnten fortsetzen: Überkapazitäten auf den internationalen Märkten für Agrar- und Industrieprodukte werden noch mehr Arbeitskräfte in den Dienstleistungssektor zwingen, dessen globaler Beschäftigungsanteil von gegenwärtig 50 Prozent bis zur Mitte des Jahrhunderts auf 70 bis 80 Prozent steigen wird. Da mit einem weiterhin schwachen Wirtschaftswachstum zu rechnen ist, wird der Dienstleistungssektor Erwerbslose und neue Arbeitskräfte nur um den Preis zunehmender Ungleichheit auffangen und uns so immer tiefer in eine postindustrielle Tristesse führen.

Das heißt nicht, dass die Armen immer ärmer werden; der unter den extremsten Formen von Armut leidende Anteil der Weltbevölkerung hat sich im Zuge der globalen Verstädterung sogar verringert.[49] Doch der Anteil am gesamten Einkommenszuwachs, der den ärmeren Arbeitern zugutekommt, bleibt weit hinter ihrem Anteil an der Gesamtbevölkerung zurück. Wie Thomas Piketty gemeinsam mit anderen Ökonomen gezeigt hat, verzeichneten die ärmsten 50 Prozent der Weltbevölkerung von 1980 bis 2016 zwar eine Verdoppelung ihres Einkommens (ein in absoluten Zahlen sehr niedriger Betrag), aber das entsprach nur 12 Prozent der insgesamt erzielten Einkommenssteigerung; mehr als doppelt so viel – 27 Prozent – entfiel auf das eine Prozent an der Spitze.[50] Wachsende Ungleichheit ging mit geringerer sozialer Mobilität einher.[51] Ob als Pfleger in Minnesota, als Aushilfsdozentin an einer italienischen Universität, Obsthändlerin in Tunesien oder Bauarbeiter in Indien – immer mehr Menschen sehen für sich keine Aufstiegsmöglichkeiten mehr. Das Einkommen von Jüngeren, die neu auf den Arbeitsmarkt kommen, reicht besonders an Orten mit explodierenden Mieten häufig nicht, um einen Haushalt zu führen, sodass sie weiter bei ihren Eltern wohnen und keine eigene Familie gründen können. Verschulden sie sich, um vorwärtszukommen, dann stellen sie schnell fest, dass die Kredittilgung einen großen Teil ihres Lohns verschlingt, der weitgehend stagniert.[52]

Um die Dynamik eines Arbeitsmarktes zu bekämpfen, der ihnen eine solche Misere beschert, müssten die Lohnabhängigen viel stärker in der Lage sein, für die eigenen Interessen einzutreten. Der organisierte Teil der Erwerbsbevölkerung hat sich jedoch verringert. Von 1985 bis 2016 ist der gewerkschaftliche Organisationsgrad in den OECD-Staaten von 30 auf 16 Prozent und der Anteil der tarifgebundenen Beschäftigten von 45 auf 32 Prozent gesunken.[53] Weltweit fiel der Abwärtstrend noch stärker aus – 2014 waren lediglich rund 7 Prozent der Erwerbsbevölkerung Mitglied einer Gewerkschaft.[54] Die Eindämmung ökonomischer Ungleichheit hängt unter solchen Bedingungen zunehmend von der Stärke und Großzügigkeit sozialstaatlicher Institutionen ab. Aber auch sie wurden von der wirtschaftlichen Stagnation ausgehöhlt. In nur noch langsam wachsenden Volkswirtschaften, die von wiederkehrenden Austeritätsmaßnahmen des Staates vollends verwüstet werden, fällt es leichter, schwächeren Teilen der Erwerbsbevölkerung – Migranten, Frauen, ethnischen oder religiösen Minderheiten – die Schuld für die Verschlechterung der Lebensbedingungen zu geben, als sich um das Projekt einer neuen, emanzipatorischen Gesellschaft zu sammeln.

5. Vermeintliche Wundermittel

Der Automatisierungsdiskurs hat eine Reihe von beunruhigenden Tendenzen in der Weltwirtschaft aufgezeigt, die mit der anhaltend schwachen Nachfrage nach Arbeitskraft einhergehen. Die von diesem seit Langem wirkenden Trend hervorgerufene soziale Krise ist gravierender, als die Statistiken vermuten lassen. Immer mehr Menschen sind von einer aktiven Teilhabe an der Wirtschaft und dem damit verbundenen Gefühl von Handlungsfähigkeit und Sinn – so begrenzt es unter den widrigen Bedingungen kapitalistischer Gesellschaften auch sein mag – ausgeschlossen. Eine durch unsichere Beschäftigung und Ungleichheit verstärkte Atomisierung macht für größere Teile der Bevölkerung den Wirtschaftsnationalismus mit seinem Versprechen attraktiv, die Probleme der Globalisierung ließen sich lösen, indem man dem Motto »unser Land zuerst« folgt.[1] Automatisierungstheoretikern sind die Gefahren nationalistischer Lösungen bewusst; eine chronische Beschäftigungskrise lässt sich nicht durch Zollschranken und Grenzmauern beheben.[2] Solche plumpen Beruhigungsmittel machen die Katastrophen der Gegenwart nur noch schlimmer.

Welche anderen Lösungen wären denkbar? Die Automatisierungstheoretiker füllen mit ihrem Plädoyer für ein radikales Umdenken eine Lücke und wirken dabei wie Reisende aus einer anderen Zeit oder von einem fremden Stern. In dieser Hinsicht ähnelt die Automatisierung dem Klimawandel: Wer sie ernst nimmt, ist plötzlich bereit, Veränderungen in der Grundstruktur des gesellschaftlichen Lebens in Betracht zu ziehen, die er normalerweise für unmöglich gehalten hätte. Indem sie die gegenwärtige Welt als obsolet begreifen, können die Automatisierungstheoretiker kühne, neuartige und gedanklich anregende Möglichkeiten ausloten, wie die Krise der Arbeitswelt zu überwinden wäre. Diese Vorschläge verdienen eine Prüfung, auch wenn ihre Verfechter die Ursachen der Krise, wie ich zu zeigen versucht habe, falsch verstehen. Wenn wir sie im Folgenden untersuchen, gilt es sich zu vergegenwärtigen, dass die tatsächliche Ursache des heutigen ungenügenden Bedarfs an Arbeitskräften in Jahrzehnte währenden industriellen Überkapazitäten und daraus folgenden Unterinvestitionen besteht. Eine wirkliche Lösung muss dieses zentrale Problem überwinden.

Keynesianismus Reloaded

Um die Vorschläge der Automatisierungstheoretiker im Kontext zu begreifen, empfiehlt sich zunächst der Blick auf eine Option, die sie durchweg ablehnen: keynesianische Eingriffe, die das Niveau der Investitionen in Anlagegüter anheben sollen, sodass die Nachfrage nach Arbeit steigt und den globalen Überschuss an Arbeitskräften absorbiert. Die weltweite Beschäftigungskrise, wie die Automatisierungstheoretiker sie beschreiben, lässt sich nicht durch keynesianische Maßnahmen überwinden; ein Jobs vernichtender technologischer Wandel, der die Form von Vollautomatisierung annähme, wäre ein Problem, ganz gleich wie schnell die Wirtschaft wächst. In Wirklichkeit aber resultiert der geringe Bedarf an Arbeitskraft heute aus einem kontinuierlichen technologischen Wandel bei gleichzeitigem Erlahmen der wirtschaftlichen Dynamik. Insofern könnten keynesianische Konjunkturprogramme, wenn sich das Wachstum durch sie spürbar steigern lässt, durchaus Wirkung zeigen. Warum also nicht den Sprung in den Keynesianismus wagen? In Wahrheit haben die Regierungen der meisten reicheren Länder nie damit aufgehört, sich immer tiefer in diesen Abgrund zu begeben.

In der Forschung gelten die siebziger Jahre meist als das Ende der keynesianischen Ära, doch in vieler Hinsicht begann sie damals erst. In dem Vierteljahrhundert nach dem Zweiten Weltkrieg findet sich von keynesianischen antizyklischen Staatsausgaben tatsächlich kaum eine Spur: Anstatt mehr auszugeben, als sie einnahmen, nutzten Regierungen die Gelegenheit eines überaus schnellen Wirtschaftswachstums, um ihre im Krieg aufgetürmte Schuldenlast zu reduzieren (siehe Abb. 5.1). Von 1946 bis 1974 verringerte Großbritannien seine Staatsschulden von 270 Prozent auf lediglich 52 Prozent des BIP und investierte gleichzeitig noch in Bildung, das Gesundheitswesen, Wohnungsbau, Transport- und Kommunikationsinfrastruktur.[3] In den G20-Ländern fiel die öffentliche Verschuldung im selben Zeitraum von 107 auf 23 Prozent des BIP. Diese Zahlen stützen schwerlich die Auffassung, die in der Nachkriegsära erreichte Vollbeschäftigung sei das Resultat einer keynesianischen Stärkung der Nachfrage gewesen.[4]

Wie in den vorigen Kapiteln erörtert, war es vielmehr der rasante Aufschwung der Industrie nach dem Krieg, der weitgehend aus eigener Kraft eine anhaltend hohe und stabile Nachfrage nach Arbeit hervorbrachte. Öffentliche

Abb. 5.1: Bruttostaatsverschuldung im Verhältnis zum BIP (1945-2015)

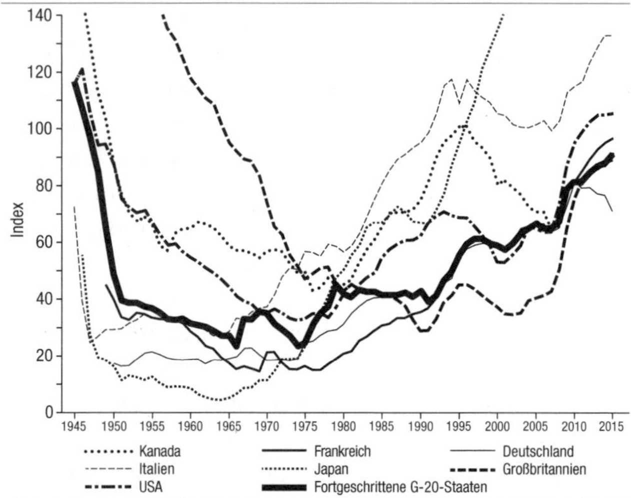

Quelle: IMF Historical Public Debt Database, online verfügbar unter: {https://data.imf.org/?sk=806ED027-520D-497F-9052-63EC199F5E63} (Stand Februar 2021).

Ausgaben für Bildung, Gesundheitswesen und den Ausbau der Infrastruktur waren nicht der Auslöser der privaten Investitionen, sondern konnten mit deren Erfordernissen kaum Schritt halten. Nach 1945 wurden mehr Produktionskapazitäten aufgebaut als jemals zuvor in der Weltgeschichte. Doch aus genau diesem Grund begannen die internationalen Märkte für Industrieprodukte bald unter Überkapazitäten zu leiden, die das Tempo der Kapitalakkumulation und das Output-Wachstum drosselten. Der nachholende Aufbau derselben Industrien rund um den Globus untergrub die Voraussetzungen für eine fortgesetzte rasante Expansion. Das Ergebnis waren aufeinanderfolgende Wellen der Deindustrialisierung und eine anhaltend niedrige Nachfrage nach Arbeitskräften.

Die Ära umfangreicher antizyklischer Staatsausgaben begann in den siebziger Jahren gerade als Reaktion auf die nachlassenden Investitionen des Kapitals in die Realwirtschaft. Die Regierungen gaben gigantische Summen aus, um zusätzliche Investitionen anzuregen. Von 1974 bis 2019 sind die Staatsschulden in den G20-Ländern entsprechend gestiegen – im Durchschnitt von 23 auf 103 Prozent des BIP, noch höher kletterten sie in Ländern wie den USA (107 Prozent), Italien (135) und Japan (237). Mit Ausnahme Großbritanniens, dessen Verschuldungsgrad sich von 1980 bis 2007 stabilisierte, zeigten die Staaten während der neoliberalen Ära keinerlei Neigung, sich die Defizitfinanzierung abzugewöhnen. Obwohl das Ziel der Vollbeschäftigung aufgegeben wurde, verschuldeten sich Regierungen angesichts kraftloser Wirtschaften weiterhin beträchtlich in Rezessionen, nur um während der darauf folgenden mäßigen Konjunkturaufschwünge festzustellen, dass zusätzliche Steuereinnahmen schwer zu erzielen waren.[5]

Das Scheitern von Versuchen, durch schuldenfinanzierte Ausgaben ein starkes Wirtschaftswachstum auszulösen, dürfte aus keynesianischer Perspektive betrachtet umso überraschender sein, als gleichzeitig die langfristigen Zinssätze nahezu auf Null fielen – was Investitionen in Maschinen und Anlagen eigentlich hätte stimulieren sollen. Beflügelt von den extrem niedrigen Zinsen, stieg die Verschuldung von Finanzfirmen, Unternehmen der Realwirtschaft und Privathaushalten zwar in der Tat dramatisch – staatliche und private Schulden zusammen erreichten in den entwickelten Ökonomien bis 2019, also noch vor der Corona-Rezession, den Rekordstand von 383 Prozent des BIP (und weltweit 322 Prozent)[6] –, aber das jährliche Wirtschaftswachstum in den OECD-Staaten sank dennoch weiter: von durchschnittlich 5,7 Prozent in den sechziger Jahren auf 3,6 Prozent in den siebziger, 3 Prozent in den achtziger und 2,6 Prozent in den neunziger Jahren schließlich auf 1,9 Prozent im Zeitraum von 2000 bis 2019.[7] Unternehmen nutzten die Kreditfinanzierung nicht für Investitionen in Anlagegüter, sondern eher für Fusionen und Übernahmen oder Aktienrückkäufe.[8] Mangels einer tragfähigen Alternative zum industriellen Wachstumsmotor hat die staatliche Stärkung der Nachfrage immer geringere Privatinvestitionen angeregt. Für die Konjunkturpakete im Zuge der Corona-Pandemie verheißt das nichts Gutes: Wie ihre Vorläufer werden auch sie keine neue Welle der Kapitalakkumulation in Gang setzen. Da das Wirtschaftswachstum nicht wieder in Schwung kommt, werden Staaten wahrscheinlich erneut zu Austeritätspolitik übergehen, sobald die Pandemie vorbei ist.

Anstatt zu versuchen, den Wachstumsmotor durch keynesianische Konjunkturanreize wieder zum Laufen zu bringen, müssen wir den Rahmen überdenken, in dem wir Arbeit verteilen. Keynes selbst hätte diesem Ziel beigepflichtet, wenn auch nicht den zu seiner Verwirklichung nötigen Mitteln.[9] Mit der »Vermehrung des Bestandes an Kapital, bis es aufhört, knapp zu sein«, argumentierte er, würden die Profitraten auf ein niedriges Niveau fallen und damit eine Zeit der wirtschaftlichen Reife einläuten, die Alvin Hansen – Keynes' amerikanisches Pendant – als »säkulare Stagnation« bezeichnete.[10] Der Harvard-Ökonom Larry Summers hat dieses Konzept kürzlich wieder aufgegriffen. Dass eine mithilfe von Austeritätsmaßnahmen erzielte »Strukturreform«, wie er sie früher selbst befürwortet hat, zur wirtschaftlichen Genesung führen würde, erklärt er nun für unwahrscheinlich; allein massive »öffentliche Investitionen« könnten wieder für Vollbeschäftigung sorgen.[11] Höhere Staatsinvestitionen hätte auch Keynes als notwendig betrachtet, darüber hinaus aber im Anbruch einer ökonomischen Reifephase ein Zeichen dafür gesehen, dass sich das Zeitalter des Kapitalismus dem Ende zuneigt.

Unter den Bedingungen einer reifen Wirtschaft hielt Keynes es für sinnvoller, durch staatliche Eingriffe *das Angebot an Arbeitskraft zu verknappen*, statt *die Nachfrage nach ihr zu stärken* – also nicht mit dem Ziel, den Output zu steigern, sondern um mehr freie Zeit zu schaffen. Angesichts eines langfristigen Rückgangs der Erträge von Privatinvestitionen meinte er, dass eine Verkürzung der Wochenarbeitszeit auf 15 Stunden nötig sein könnte – und auch diese verbliebene Arbeit diente in seinen Augen nur dazu, dass »der alte Adam in uns« zufrieden ist, also der Erfüllung des Bedürfnisses, sich nützlich zu fühlen.[12] Viele Ökonomen deuten Keynes' Vision zu Unrecht als eine naive Prognose darüber, wie Arbeiter künftige Produktivitätssteigerungen nutzen wollten – als hätte er behauptet, die Arbeitszeit werde über drei Generationen hinweg sinken, nur weil den Arbeitern mehr Urlaub erklärtermaßen lieber sei als steigende Löhne.[13] Radikale Keynesianerinnen wie die britische Wirtschaftswissenschaftlerin Joan Robinson und ihr Kollege William Beveridge wussten dagegen, dass die Welt ohne Mangel, von der Keynes träumte, nur durch die Vergesellschaftung von Investitionen und gesetzliche Arbeitszeitverkürzung zu erreichen wäre.[14]

Beveridges Plan für »Vollbeschäftigung in einer freien Gesellschaft« von 1944 (vorgelegt kurz nach seinem Konzept für den britischen National Health Service, das in der Öffentlichkeit breiten Zuspruch fand) sah genau dies vor. Nach dem Ende des Zweiten Weltkrieges hielt Beveridge weitere 22 Jahre kapitalistischer Entwicklung für nötig: zwei für den Übergang vom Krieg zum Frieden und zwanzig für den Wiederaufbau – genügend Zeit, um die vier »gesellschaftlichen Übel namens Mangel, Krankheit, Unwissenheit und Elend« durch öffentliche Investitionen zu bezwingen. Auf diesem sozialen Fundament aufbauend, könne der Staat dann in den späten sechziger Jahren dazu übergehen, das gesellschaftliche Gewicht der Wirtschaft zu verringern, durch Verkürzung der Wochenarbeitszeit mehr »Muße« ermöglichen und die ökonomische Ungleichheit durch eine »gerechte Verteilung« der Einkommen verringern.[15] Ergänzt man dieses Programm um einen planvollen Übergang von fossilen Brennstoffen zu erneuerbaren Energien, dann könnte Beveridges Vorschlag es heute mühelos mit den meisten radikalen Konzepten für einen Green New Deal aufnehmen.[16] Die Umsetzung seines Plans für Vollbeschäftigung hat selbstverständlich nie eine Regierung ernsthaft in Betracht gezogen. Betrachtet man die Gründe für das Scheitern radikaler keynesianischer Projekte in der Vergangenheit, wird zugleich deutlich, weshalb es ähnlichen Plänen heute kaum besser ergehen wird.

In den Jahren nach dem Zweiten Weltkrieg wurden auf öffentliche Investitionen setzende Vollbeschäftigungsprogramme vehement bekämpft und erfolgreich aus dem Feld geschlagen – obwohl linke Organisationen damals wesentlich stärker waren als heute (und natürlich meistens für mehr als öffentliche Investitionen kämpften: Viele forderten die Vergesellschaftung der Produktion).[17] Besitzer großer Vermögen erkannten richtig, dass öffentliche Investitionen eine existenzielle Gefahr für ihre Entscheidungshoheit darüber sind, wo und in welchem Umfang gesellschaftliche Ressourcen in die Erweiterung der Produktion investiert werden – und somit auch darüber, ob die Wirtschaft wächst oder in eine Rezession abrutscht.[18] Angst machte ihnen weniger die Vollbeschäftigung an sich als der Weg dorthin: Wenn sie durch staatliche Investitionen zu erreichen wäre, verschwände die Möglichkeit, Gesellschaften mit der Drohung eines Investitionsabzug, der sie ins Chaos stürzen würde, zu erpressen.

Von der Nachkriegszeit bis heute haben Kapitalisten sichergestellt, dass sie die Kontrolle über diese schwere Artillerie im Klassenkonflikt behalten – den Kapitalstreik.[19] Die Drohung damit bot großen Unternehmen die Gewähr, dass Staat und Gesellschaft ihre Investitionsentscheidungen respektierten, galten private Investitionen doch als Voraussetzung dafür, hohes Beschäftigungsniveau aufrechtzuerhalten oder wiederherzustellen. Heute ist die Waffe des Kapitalstreiks noch machtvoller als früher, weil die Investitionen bereits auf einem niedrigen Niveau liegen und die Arbeitslosigkeit um sich greift – die Regierungen müssen alles in ihrer Macht Stehende tun, um den Motor der Wirtschaft wieder anzukurbeln. Angesichts so schwacher Privatinvestitionen ist es allerdings auch möglich, dass sie dabei stattdessen auf öffentliche Investitionen setzen. Es ist ein Fehler zu meinen, Kapitalisten würden einen solchen Kurswechsel jemals akzeptieren.

Ihre Entscheidungshoheit über Investitionen infrage

zu stellen, hat selbst im Gewand einer Übereinkunft von Kapital und Arbeit wie im amerikanischen New Deal nicht den Charakter eines Kompromisses. Wie Oskar Lange 1938 bemerkte: »Privateigentum und private Unternehmen beizubehalten und dazu zu zwingen, anders zu verfahren, als es das Streben nach Profitmaximierung verlangt, würde auf eine massive Reglementierung von Investitionen hinauslaufen«, dadurch »die finanzielle Struktur der modernen kapitalistischen Industrie aufbrechen« und es Unternehmen nahelegen, »mit ihrer ökonomischen Macht den Regierungsbehörden die Stirn zu bieten (etwa durch Fabrikschließungen, Abzug von Investitionen oder andere Arten von Sabotage)«.[20] Angesichts der Möglichkeit eines solchen Widerstands machtvoller Akteure müssten radikale Keynesianer den Unternehmen ihre vollständige Vergesellschaftung androhen. Damit dies keine leere Drohung bleibt, müssten sie ferner bereits einen klaren Plan für die Abschaffung von Privatunternehmen entwickelt und verbreitet haben. Doch um irgendeine Aussicht auf die Durchsetzung ihrer Ziele zu besitzen, wären radikale Keynesianer außerdem auf Unterstützung durch breite soziale Bewegungen angewiesen.

Nur Bewegungen, die für den Reichtum der Besitzenden tatsächlich eine existenzielle Bedrohung darstellen, wären imstande, das Kapital gefügig zu machen. Wenn sie aber stark genug sind, um das Kapital zur Unterordnung unter eine von öffentlichen Investitionen bestimmte Wirtschaft zu zwingen – warum sollten sie dann nicht mehr fordern? Eine weitere Machtkonzentration in den Händen des Staates würden solche Bewegungen nicht einfach hinnehmen (sondern eine Übertragung von

Macht an demokratische Organe der Bevölkerung verlangen). Wie wir sehen werden, kranken die Vorschläge von Automatisierungstheoretikern für ein bedingungsloses Grundeinkommen (BGE) an einer ähnlichen Unfähigkeit, die Durchschlagskraft der Waffen richtig einzuschätzen, über die das Kapital gerade in einer Ära der Konjunkturflauten verfügt. Ein Kapitalstreik kann jede politische Maßnahme, die die Arbeiterinnen stärkt, im Keim ersticken.[21]

Geld ohne Gegenleistung

Wie die radikalen Keynesianer wollen die Automatisierungstheoretiker der Wirtschaft weniger gesellschaftlichen Raum geben, schlagen aber einen anderen Weg vor: Statt die öffentlichen Investitionen auszuweiten und die Arbeitszeit per Gesetz immer weiter zu verkürzen, soll ausnahmslos jedem Bürger ein an keinerlei Auflagen gebundenes Einkommen gezahlt werden.[22] Hoch genug angesetzt, würde ein BGE die Armut sofort abschaffen. Außerdem gäbe es Menschen in unsicheren Beschäftigungsverhältnisse eine gewisse Sicherheit – in einer Zeit der massenhaften Unterbeschäftigung eine entscheidende Reform. Laut seinen Verfechtern würde das BGE noch weitaus mehr leisten, indem es die Gesellschaft auf einer fundamentalen Ebene moralisch erneuert: Als Ausdruck des gemeinsamen Interesses am Wohlergehen jedes Einzelnen würde es uns wieder einen Sinn für gesellschaftliche Solidarität geben. Die Regierungen Spaniens und Schottlands sowie die Demokraten in den USA haben als Notmaßnahme in der Corona-Krise bereits minimale BGE-Programme erwogen, die nach dem Ende der Pandemie auf Dauer gestellt werden könnten.[23]

In einem Land wie den USA, wo der Rassismus dazu geführt hat, dass man Sozialleistungsempfängern mit Misstrauen oder sogar Verachtung begegnet, wäre der Übergang von Bedürftigkeitsprüfungen zu bedingungslosen, allgemeinen Leistungen schon an sich ein Schritt zu mehr Gerechtigkeit. In ärmeren Regionen wie dem subsaharischen Afrika könnten mit dem BGE Arme unterstützt werden, ohne dass die Staaten komplexe Systeme der Bedürftigkeitsprüfung aufbauen müssten.[24] Die Befürworter des BGE debattieren über seine angemessene Höhe, über die Frage, ob es durch eine stärkere Besteuerung hoher Einkommen finanziert werden sollte, als Ergänzung oder als Ersatz für andere sozialstaatliche Programme zu gestalten wäre und ob es breit zugänglich oder nur Staatsbürgern vorbehalten sein sollte.[25]

Aus Sicht der Automatisierungstheoretiker löst das BGE das für sie zentrale Problem, wie man Menschen in einer Welt der weitgehend oder sogar vollständig überflüssig gemachten Arbeit zu einem Einkommen verhilft, durch das ihre Bedürfnisse einen Ausdruck auf dem Markt finden; das BGE ist die technische Lösung, die das albtraumhafte Szenario der Automatisierung in den Traum der Überwindung von Mangel verwandelt. Ausgehend von dieser Überzeugung präsentieren sie das BGE häufig als eine politisch neutrale, für Linke wie Konservative attraktive Maßnahme, die das Problem der weltweiten Arbeitslosigkeit und Unterbeschäftigung lösen könne, so wie die Technologien der Grünen Revolution das Problem des globalen Hungers lösen sollten. Zwischen dem technologischen Determinismus, der den

Kern des Automatisierungsdiskurses bildet, und dem Rückgriff auf technokratische Lösungen besteht ein innerer Zusammenhang. Hier wie dort sollen schwierige gesellschaftliche und politische Fragen umgangen und in vermeintlich objektive Fakten verwandelt werden.

Eine solche technokratische Neutralität ist illusionär: Je nachdem, in welcher Form es umgesetzt wird, führt das BGE in völlig unterschiedliche Richtungen, und die meisten bringen uns einer Welt der menschlichen Entfaltung nicht näher.[26] Eine Kritik an der im Automatisierungsdiskurs vertretenen Vorstellung, auf der Grundlage des Marktes lasse sich der Mangel überwinden, wird zugleich Umrisse einer Alternative verdeutlichen, die ohne Markt auskommt.

Vorschläge für ein Grundeinkommen gab es schon lange vor dem Aufkommen des Automatisierungsdiskurses. Ihr Ursprung wird mitunter bei Thomas Paine ausgemacht, der bereits 1797 anregte, allen Menschen bei Erreichen der Volljährigkeit einen Pauschalbetrag zu zahlen.[27] Paine begründete diese Idee mit klassisch Locke'schen Argumenten: Aller Boden sei ursprünglich Gemeineigentum gewesen, später aber in Privatgrundstücke aufgeteilt worden; den nachfolgenden Generationen werde somit ihr gerechter Anteil am Erbe der Menschheit vorenthalten. Ein Zuschuss für mündig Gewordene könne demnach als monetäre Entsprechung dessen dienen, was jedem Einzelnen an der gemeinsamen Erde zustand – und so allen die Möglichkeit eröffnen, an der Welt des Privateigentums teilzuhaben. In Paines Vorschlag, der das Konzept des Grundeinkommens vorwegnimmt, sollen solche Zahlungen nicht eine Welt jenseits des Mangels herstellen, sondern die moralischen Fundamente einer auf Privateigentum beruhenden Gesellschaft festigen.

Aus ähnlichen Gründen unterstützten neoliberale Ökonomen des 20. Jahrhunderts die Idee eines Grundeinkommens. Sowohl Friedrich Hayek als auch Milton Friedman befürworteten das BGE in Form einer negativen Einkommenssteuer, die an die Stelle von Sozialleistungen treten sollte: Statt öffentliche Maßnahmen zur Armutsbekämpfung zu finanzieren, solle man Menschen genügend Geld geben, um sie über die Armutsgrenze zu heben.[28] Dieser Vorschlag fügt sich nahtlos in Friedmans neoliberale Weltanschauung ein.[29] Staaten sollten ihm zufolge nicht versuchen, Marktversagen zu beheben, indem sie der Privatinitiative eigene Initiativen – etwa in Gestalt staatlicher Bildungs- und Gesundheitssysteme, Wohnraumversorgung oder Umweltschutzgesetze – zur Seite stellen, sondern vielmehr weitere Lebensbereiche in den Wirkungsradius des Preismechanismus bringen. Der Markt war für Friedman das Fundament schlechthin von Freiheit, Verantwortung und Selbstachtung. Aus dieser Perspektive betrachtet, brauchten die Armen keine öffentliche Unterstützung; sie brauchten Geld, um sich wieder in den Markt zu integrieren.

Heute finden sich die überschwänglichsten konservativen Plädoyers für ein BGE in den Schriften des berüchtigten rassistischen Sozialkritikers Charles Murray, der die Stafette von Friedman übernommen hat. Seiner Ansicht nach würde ein BGE nicht nur der Armut ein Ende setzen; es soll zudem den Niedergang des Westens aufhalten, dessen müde Seelen man wieder für den christlichen Glauben und die monogame Ehe gewinnen könne.

Murray zeichnet für die Idee eines monatlichen BGE von 1000 Dollar verantwortlich – eine Summe, zu der er nicht etwa deshalb gelangt, weil sie die menschlichen Grundbedürfnisse abdecken würde, sondern weil die Kosten des BGE damit den bisherigen Sozialausgaben entsprächen. Murrays Vorschlag besteht schlicht darin, den heutigen Sozialstaat abzuschaffen und dessen Finanzmittel direkt an die Bevölkerung zu verteilen.[30]

Wie in den meisten Büchern von BGE-Befürwortern aus den letzten Jahren heißt es auch in der neuesten Ausgabe von Murrays *In Our Hands*, ein Grundeinkommen sei heute als Antwort auf die Automatisierung nötiger denn je. In Wirklichkeit ist Murrays Plädoyer für ein BGE aber nur sehr locker mit dem Automatisierungsdiskurs verknüpft.[31] Es entspringt vielmehr der Überzeugung, sozialstaatliche Institutionen seien nicht nur wirtschaftlich ineffizient, sondern zerstörten auch die menschliche Seele: Wesentliche Quellen, aus denen der Einzelne Sinn und Bedeutung schöpfe, würden dem Staat übereignet, was zur Folge habe, dass Menschen einander weder kennen noch unterstützen und nie wirkliches Glück finden könnten. Soziale Probleme wie Armut und Drogenabhängigkeit sollten stattdessen direkt von den Gemeinschaften angegangen werden, in denen sie auftreten – durch »freiwillige Zusammenschlüsse«, die eingelassen sind in moralische Welten aus Glauben und geteilten Werten. Das BGE würde die Entstehung solcher Zusammenschlüsse laut Murray fördern, indem es die Institutionen abbaut, die solche Lasten gegenwärtig schultern, und Menschen ein Auskommen garantiert, das ihnen zu mehr freier Zeit verhilft.[32]

Kennzeichnend für diesen konservativen Vorschlag ist,

dass er in keiner Weise auf die Bekämpfung wirtschaftlicher Ungleichheit zielt. Murray plädiert sogar dafür, jede weitere Einkommensumverteilung durch einen Verfassungszusatz zu blockieren, womit die Ungleichheit nach der Einführung eines BGE noch zunehmen könnte. Sein Modell läuft auf ein unheilvolles Szenario hinaus: Es zeigt, wie eine von anhaltend schwacher Nachfrage nach Arbeitskraft und wachsender Ungleichheit geprägte Gesellschaft diesen Zustand für ihre ärmeren Angehörigen annehmbar machen könnte, während sie zugleich finanzstarken Marktteilnehmern die Freiheit zu grenzenloser Bereicherung gibt.[33] Die Gefahr, dass ein BGE eingeführt wird, dessen Form mehr mit dieser konservativen Version gemein hat als mit den linken Alternativen, ist unübersehbar. Tatsächlich ist Murrays BGE-Modell das meistdiskutierte in Silicon Valley und dementsprechend auch für die meisten hier behandelten Automatisierungstheoretiker prägend.

Wie aber verhält es sich mit den linken Alternativen? Ein Hauptunterschied besteht darin, dass sie wesentlich kostspieliger wären, da sie Menschen mit genügend Geld für ein Mindestmaß an gutem Leben ausstatten sollen. Von einer linksliberal-egalitären Position aus plädiert der vielleicht renommierteste BGE-Befürworter, Philippe van Parijs, für einen Betrag, der die Grundbedürfnisse abdeckt, ohne dafür den Sozialstaat abzubauen. Er und sein Co-Autor Yannick Vanderborght peilen 25 Prozent des Pro-Kopf-BIP an – in den USA wären das für jeden Haushalt rund 40000 Dollar im Jahr. Um ihrem Modell mehr Akzeptanz zu verschaffen, empfehlen van Parijs und Vanderborght für den Anfang einen Betrag auf »bescheidenem Niveau«, der zudem nicht an jeden gezahlt werden sollte. Anstatt mit der Tür ins Haus zu fallen, müsse man das BGE wahrscheinlich »durch die Hintertür« einführen. So werde etwa die Teilnahme an Bedingungen wie die Bereitschaft zu gemeinnütziger Arbeit geknüpft und der Kreis der Anspruchsberechtigten begrenzt sein, um eine »selektive Einwanderung« in Länder mit BGE zu verhindern.[34]

Linke BGE-Verfechter behaupten, auch bescheidene Anfänge ließen für die Zukunft große Zugewinne an Freiheit erwarten, da bereits die Zahlung eines eher niedrigen monatlichen Betrags gemeinschaftliche Beziehungen wieder stärken werde.[35] In dieser Hinsicht deckt ihr Argument sich mit dem ihres konservativen Gegenübers: Beide erwarten von einer Ausweitung des BGE das Aufblühen freiwilliger Vereinigungen. Der Unterschied besteht darin, dass die Konservativen sich mehr Kirchen und Rotary Clubs erhoffen, die Linken dagegen eine Stärkung von selbstverwalteten Betrieben und Konsumgenossenschaften, Gewerkschaften, Gemeinschaftsgärten sowie kollektiven Pflege- und Betreuungseinrichtungen. Indem es die Organisierung der Unorganisierten ermöglicht, schafft demnach bereits ein niedriges BGE die soziale Basis, von der aus die Forderung nach einem höheren BGE oder nach Lohnsteigerungen und somit insgesamt das Ziel stärkerer wirtschaftlicher Gleichheit mit Macht vorangetrieben werden kann.[36]

Linke Vertreter des Automatisierungsdiskurses greifen diesen BGE-Vorschlag auf und treiben ihn bis zum Äußersten. Für Antikapitalisten wie Nick Srnicek und Alex Williams ist ein hohes BGE genau das richtige Mittel, um einen Übergang zur Vollbeschäftigungs*losigkeit* zu fördern.[37] Im Anschluss an den Artikel »A Capitalist Road to Communism« (1986), mitverfasst von einem damals noch radikaleren van Parijs, erklären sie, mit fortschreitender Automatisierung müsse das BGE so lange steigen, bis es als alternativer Verteilungsmechanismus die Kaufkraft zum Erwerb sämtlicher Güter und Dienstleistungen bereitstellt. Das sei nicht nur ein radikaler Fortschritt der Gleichheit, sondern laufe letztlich auf ein Leben jenseits der Lohnarbeit hinaus.

Srnicek und Willams trauen dem BGE in *Die Zukunft erfinden* noch mehr zu: Als ein roter Keil könne es das Hinüberwachsen in eine vollautomatisierte Welt beschleunigen. Ein hohes Mindesteinkommen gebe Arbeiterinnen die Macht, bestimmte Jobs abzulehnen, was wiederum für die Arbeitgeber ein Anreiz sei, sie angenehmer zu gestalten oder durch Automatisierung aus der Welt zu schaffen.[38] Das BGE wird so zum Mittel nicht etwa einer Stabilisierung der spätkapitalistischen Ökonomie, sondern des Vorwärtsdrängens zu einer Welt jenseits des Mangels, in der das Grundproblem der Ökonomie gelöst ist und Menschen die Freiheit haben, ihren Leidenschaften nachzugehen. Von diesem Punkt an stellen sich ganz andere Fragen: Worin besteht letztlich der Horizont der Menschheit? Heißt Freiheit von Arbeit, dass man sich seinen Hobbys widmen kann, wie es Keynes vorschwebte? Oder heißt es, Raumschiffe zu bauen und fremde Planeten zu erforschen, wie in den Science-Fiction-Romanen von Iain M. Banks?[39]

In seinen liberal-egalitären Formen hat das BGE viele attraktive Aspekte. Selbst eine nur minimale Umverteilung nach unten ist als solche zu begrüßen, zumal dann, wenn sie drückende Armut samt den damit einhergehenden psychischen und körperlichen Leiden spürbar mildert. Verbunden mit einer weltweiten CO_2-Steuer könnte das BGE auch zur Eindämmung der globalen Erwärmung beitragen: Wir könnten zu einer klimaneutralen Wirtschaft übergehen, ohne dass wir uns bei der mühsamen Energiewende Gedanken machen müssten, ob mehr Jobs verschwinden als entstehen.[40] Damit aus einer technokratischen Maßnahme aber ein emanzipatorisches Gesellschaftsprojekt wird, müsste das BGE Menschen in die Lage versetzen, für drastische und dauerhafte Veränderungen zu kämpfen. Dass es diesen Effekt haben wird, ist aus mehreren Gründen zu bezweifeln.

Fangen wir mit den aufblühenden Gemeinschaften an, die BGE-Vertreter heraufbeschwören. Sofern es ausschließlich um analytische Stimmigkeit geht, ist die konservative Variante dieses Arguments überzeugender als die linke. Laut den konservativen BGE-Befürworten wurden solidarische Bindungen in der Gesellschaft dadurch zerstört, dass sich menschliche Kräfte in staatlichen Institutionen entfremdet haben; folglich sollte ein Abbau des Sozialstaates die Wiederbelebung solcher Bindungen fördern. Die Linke hat dagegen stets argumentiert, die durch das Kapital bewirkte Entfremdung menschlicher Kräfte sei mindestens ebenso wichtig, zumal die meisten unserer Bedürfnisse heute nicht von staatlichen Verwaltungen, sondern von Privatfirmen befriedigt werden – riesige Unternehmen produzieren eine Unzahl von Konsumgütern für separate Haushalte.[41] Diese innere Logik des Marktes hat sämtliche Lebensbereiche, ob Transport oder Kommunikation, Ernährung oder Unterhaltung, transformiert. Auf dem Weg zur Arbeit und zurück verbringen Menschen mehrere Stunden am Tag im Verkehr – mit zahllosen anderen, aber allein; man sitzt im Auto, isst bei McDonald's und scrollt auf seinem Smartphone durch Katzenvideos. Social-Media-Apps sollten epidemische Einsamkeit und soziale Isolation überwinden, doch wie Studien zeigen, haben sie das Problem nur verschlimmert.[42] Mit der Corona-Pandemie hat sich diese kapitalistische Logik in dicht besiedelten urbanen Räumen aufs Äußerste zugespitzt: Man zog sich in die eigenen vier Wände zurück und bestellte im Internet, was man im Haushalt brauchte, während mächtige Unternehmen ihre Lieferketten neu organisierten und Massen von Arbeiterinnen für kontaktlose Zustellungen anheuerten – Jobs, die plötzlich erhebliche, aber finanziell kaum kompensierte Risiken mit sich brachten.[43] Wie solche Beispiele zeigen, könnte sich eine Wirtschaft, die schon heute darauf ausgelegt ist, Menschen auf eine atomisierte Existenz zu reduzieren, mühelos mit einem BGE arrangieren.

Wie steht es mit der weitergehenden Behauptung, das BGE würde Arbeitern mehr Macht in Konflikten mit den Arbeitgebern verschaffen? Mit diesem Argument zäumt man das Pferd in Wirklichkeit vom Schwanz auf, denn für die Durchsetzung eines BGE, das hoch genug ist, um die gesellschaftlichen Verhältnisse zu verändern, bräuchten die Arbeiter zunächst einmal mehr Macht. Aber selbst wenn man annimmt, ein BGE würde die Fähigkeit von Menschen zur Selbstbehauptung in Kämpfen stärken, ist unklar, ob es einen gangbaren Weg zu breiteren emanzipatorischen Zielen böte. Einer linken Vision des Ausstiegs aus dem Kapitalismus könnte das BGE nur dann als Grundlage dienen, wenn die Analyse der Automatisierungstheoretiker richtig wäre: Die heute niedrige Nachfrage nach Arbeit müsste ihre Ursache in einer steil ansteigenden Produktivität haben, die die Wirtschaft rasant verändert. Wäre dies der Fall, dann stünde die Gesellschaft hauptsächlich vor dem Problem einer Umgestaltung der Verteilung – nicht der Produktion – und könnte die wachsende wirtschaftliche Ungleichheit durch eine stetige Anhebung des BGE überwinden. Gilt dagegen, wie oben erörtert, dass die niedrige Nachfrage nach Arbeit aus globalen Überkapazitäten und nachlassenden Investitionen resultiert, die das Wirtschaftswachstum drosseln, dann würde ein solcher Verteilungskampf schnell zu einem Nullsummenspiel zwischen Arbeit und Kapital geraten, das den Fortschritt zu einer freieren Zukunft blockiert oder zumindest dramatisch verlangsamt. Dann bräuchten wir einen Plan, wie wir den Vermögensbesitzern die Kontrolle über die Wirtschaft entwinden. Doch zu der Frage, wie man die Herrschaft des Kapitals über die Produktion abbauen kann, ist den BGE-Vorschlägen wenig zu entnehmen.[44]

Während das BGE dem lobenswerten Ziel dient, Einkommen und individuelle Arbeitsleistung voneinander zu entkoppeln, würde es an der Beziehung zwischen Einkommen und Vermögensbesitz nichts ändern – wir blieben an ein System gefesselt, in dem ein erheblicher Teil des Gesamteinkommens aus Zinsen (auf vergebene Kredite), Pacht und Mieten (für Boden und Wohnraum) und Profit (aus dem Betrieb von Unternehmen) besteht. Anders gesagt: Das BGE würde Arbeiterinnen mehr Macht geben, ohne das Kapital zu entmachten; es würde Menschen mehr Autonomie bei der Erfüllung ihrer »tierischen Funktionen« gewähren, aber keinen größeren Einfluss auf die gesellschaftlichen Verhältnisse, unter denen sie dies tun.[45] Das Profitmotiv bliebe folglich die Triebkraft der Wirtschaft, denn die großen Vermögensbesitzer würden die Entscheidungshoheit über Investitionen behalten, und diese wären weiterhin ausschlaggebend dafür, ob die Wirtschaft wächst oder schrumpft. Damit würden radikale BGE-Verfechter in derselben Sackgasse stecken wie die radikalen Keynesianerinnen. Das Kapital besäße weiter die Waffe des Kapitalstreiks – das Vorrecht der Eigentümer, die Gesellschaft durch Investitionsabzug und Kapitalflucht ins Chaos zu stürzen. Seit vierzig Jahren drohen Kapitalisten in einem zunehmend von Überkapazitäten und nachlassendem Wirtschaftswachstum geprägten Umfeld mit dem Einsatz dieser Waffe, um den politischen Parteien und Gewerkschaften ihre Forderungen aufzuzwingen: nach weniger Regulierung, einem laxeren Arbeitsrecht, der Begrenzung des Lohnanstiegs, und – im Falle von Wirtschaftskrisen – nach Rettung der privaten Unternehmen und Kürzung der öffentlichen Ausgaben.

Eine Linke, die das BGE nutzen will, um eine andere Welt zu schaffen, müsste uns daher eine Art Meidner-Plan wie im Schweden der siebziger Jahre dafür vorlegen, wie durch die planvolle Übertragung von Eigentumstiteln auf die gesamte Gesellschaft allmählich die Produktionsmittel sozialisiert werden sollen.[46] Das Problem besteht jedoch darin, dass der Meidner-Plan genau aufgrund der Drohung eines Investitionsabzugs während der damaligen Krise aufgegeben wurde. Heute wäre ein solcher Plan noch schwieriger durchzusetzen, da die Massenorganisationen der Arbeiterklasse deutlich schwächer sind und die Wirtschaft langsamer wächst. Ein Kapitalstreik gegen Pläne zur Erhöhung eines zunächst bescheidenen BGE würde die Wirtschaft schnell in die Krise stürzen und die BGE-Verfechter dazu zwingen, entweder den Übergang zu einer neuen Gesellschaft jenseits des Mangels einzuleiten, obwohl sie für diesen Sprung noch gar nicht bereit sind, oder aber einzulenken. Angesichts der Gefahr eines solchen Salto mortale haben Reformparteien gewöhnlich klein beigegeben.[47] Deshalb ist es viel eher vorstellbar, dass sich das BGE auf niedrigem Niveau einpendeln und zum Stützpfeiler einer auf Privateigentum beruhenden, zunehmend von Stagnation und Ungleichheit geprägten Gesellschaft würde, als dass es geradewegs in eine Welt der kostenlosen Versorgung führen könnte.

Der weltweite Rückgang der Gesamtnachfrage nach Arbeit macht es unmöglich, das Problem überzähliger Arbeitskräfte durch Wirtschaftswachstum zu überwinden – zumal wenn man die unmittelbar drohenden Umweltgefahren bedenkt. Gleichzeitig hat die Verlangsamung des Wirtschaftswachstums, der das Problem entspringt, zu einer Situation geführt, in der Kapitalisten erbittert gegen jede Reform kämpfen, die ihre Entscheidungshoheit über Investitionen bedroht. Das ist die Welt, die wir geerbt haben, und von hier müssen unsere politischen Reflexionen ausgehen. Nur eine Eroberung der Produktion, mit der es endlich gelingt, den Kapitalisten die Macht über Investitionsentscheidungen zu entwinden und so den Kapitalstreik wirkungslos zu machen, kann uns den Weg in eine Zukunft ohne Mangel bahnen.

6. Notwendigkeit und Freiheit

Selbst wenn man die Beschreibung des technischen Fortschritts durch die Automatisierungstheoretiker für zweifelhaft hält – was ich gewiss tue –, bleibt ihr Versuch, einen Weg in eine zukünftige Welt ohne Mangel zu ebnen, der attraktivste Aspekt ihres Denkens: Er erlaubt uns die Frage zu stellen, wie die Trümmer dieser überholten Welt zu einer neuen Form von gesellschaftlicher Existenz zusammengefügt werden können. Über eine solche Vorstellung zu verfügen ist entscheidend, wenn wir das Projekt der Emanzipation heute wiederbeleben wollen – gerade weil ihre Verwirklichung in ferner Zukunft zu liegen scheint. Den Sozialistinnen des 19. Jahrhunderts war bewusst, dass sie vom Erreichen ihrer Ziele weit entfernt waren. Dennoch leitete sie der Gedanke einer freieren Zukunft; er trieb ihren Kampf an, und in seinem Namen gingen sie Risiken ein. Noch 1939 konnte der Dichter und Dramatiker Bertolt Brecht schreiben: »Das Ziel / Lag in großer Ferne / Es war deutlich sichtbar.«[1] Kaum jemand würde das heute sagen.

Nicht nur leben wir in einer Zeit des hartnäckig verschanzten Neoliberalismus, der wütenden Ethnonationalismus und immer häufiger klimabedingte Katastrophen wachsenden Ausmaßes hervorruft. Es fehlt uns auch eine konkrete Vorstellung, welche wirkliche Alternative es gibt. Zentralistische Planung hat sich als wirtschaftlich irrational und ökologisch verheerend erwiesen; sie füllte die Lagerhäuser mit minderwertigen Produkten und war anfällig für autoritäre Bürokratisierung. Die europäischen Sozialstaaten und eine keynesianische Vollbeschäftigungspolitik wiederum sind angesichts eines langsamerem Wirtschaftswachstum bei gleichzeitig anhaltender Deindustrialisierung an ihre Grenzen gestoßen.[2] Unterdessen führen soziale Bewegungen vor allem Rückzugsgefechte gegen neoliberale Angriffe, mit denen sie unseren Marsch in den Abgrund lediglich verzögern.

»Die Zukunft einfordern«, darum geht es in der Tat.[3] Aber welche? Es ist verblüffend, wie viele Automatisierungstheoretiker das Musterbeispiel für eine freiere Zukunft in *Star Trek – The Next Generation* entdecken. In der Ende der achtziger Jahre angelaufenen Fortsetzung von *Star Trek* bewirkt eine »Replikator« genannte Technologie – im Grunde ein hochentwickelter 3-D-Drucker – das Ende wirtschaftlicher Knappheit und ein Leben in einer Welt ohne Geld und Märkte.[4] Die Bürger haben dadurch die Freiheit, Galaxien zu erforschen, »die nie ein Mensch zuvor gesehen hat«, ohne dass sie sich um ihren Lebensunterhalt sorgen müssten. Die Frage lautet: Können wir uns eine Welt jenseits des Mangels auch ohne Replikatoren vorstellen – also auch dann, wenn sich die Vollautomatisierung als bloßer Traum entpuppen sollte?

Indem sie den technologischen Fortschritt und nicht die Eroberung der Produktion ins Zentrum rücken, geben die Automatisierungstheoretiker einen Gedanken weitgehend auf, der sich von Thomas Morus' *Utopia* (1516) bis zu den heutigen *Trekonomics* verfolgen lässt: dass die entscheidende Voraussetzung für eine Welt jenseits des Mangels nicht in der bedingungslosen Verteilung von Geld liegt, wie in der jüngsten Welle des Automatisierungsdiskurses behauptet, sondern in der Abschaffung von Privateigentum und monetärem Austausch zugunsten geplanter Kooperation.[5] Ein Grund für die Preisgabe dieses zentralen Ziels besteht darin, dass sie die Frage des Übergangs falsch stellen: Sie gehen davon aus, dass wir die Vollautomatisierung erreichen werden, und fragen dann, wie wir die Gesellschaft verändern müssen, um Massenarbeitslosigkeit abzuwenden und eine Welt der universellen Menschenwürde zu schaffen. Man kann das Gedankenspiel aber auch umdrehen: Anstatt eine vollautomatisierte Wirtschaft vorauszusetzen und sich die dadurch gegebenen Möglichkeiten zum Aufbau einer besseren und freieren Welt auszumalen, könnten wir von einer Welt der universellen Menschenwürde *ausgehen* und dann fragen, welcher technische Wandel nötig wäre, um sie zu verwirklichen.

Jenseits des Mangels – von Morus bis Marx

Was, wenn plötzlich alle Menschen ausreichend Zugang zu Bildung, medizinischer Versorgung und Wohlfahrt hätten, um ihre Anlagen voll zu entfalten? Eine Welt der umfassend entwickelten Individuen wäre eine, in der jede Einzelne erwarten dürfte, mit uneingeschränkter Unterstützung der Gesellschaft ihre Interessen und Fähigkeiten auszubilden. Was müsste sich in der Gegenwart ändern, damit sich dieses Zukunftsszenario verwirklicht? In einer solchen Welt verdienten es die Leidenschaften aller Individuen gleichermaßen, dass man ihnen Raum gibt. Es wären nicht mehr bestimmte Menschen ihr gesamtes Leben lang für Müllabfuhr, Geschirrspülen, Kinderbetreuung, Ackerbau oder Elektromontage zuständig, nur damit andere tun und lassen können, was ihnen gefällt. Statt einige Menschen niederzudrücken, um die anderen emporzuheben, wie der Sklavenhalter James Henry Hammond aus South Carolina forderte, müssten wir einen anderen Weg finden, die notwendigen Arbeiten zu verteilen, auf denen unser gesamtes sonstiges Tun beruht.[6]

Während Automatisierungstheoretiker ihre Hoffnungen in die Technologie setzen, brauchten viele frühere Theoretiker einer Überwindung von Mangel wie Karl Marx, Thomas Morus, Étienne Cabet oder Peter Kropotkin zur Lösung des Rätsels keinen *deus ex machina*. Sie hielten einen solchen Zustand auch ohne automatisierte Produktion für möglich. Nötig sei dagegen eine Neuorganisation des gesellschaftlichen Lebens, ausgehend von zwei getrennten, aber aufeinander bezogenen Sphären: dem Reich der Notwendigkeit und dem Reich der Freiheit.[7] Die Unterscheidung geht auf das antike Griechenland zurück, wobei sie für Aristoteles mit Personengruppen zusammenfiel: Sklaven blieben ins Reich der Notwendigkeit verbannt, das Reich der Freiheit stand nur Bürgern offen. Aristoteles war ein Automatisierungstheoretiker mit umgekehrtem Vorzeichen: Die Sklaverei rechtfertigte er damit, dass es keine selbsttätigen Maschinen gab. Wenn »jedes Werkzeug auf Geheiß, oder auch vorausahnend, das ihm zukommende Werk verrichten könnte«, so seine Überlegung, »bedürfte es weder für den Werkmeister der Gehilfen noch für die Herrn der Sklaven«.[8] Da solche Werkzeuge nicht existierten, betrachtete Aristoteles Knechtschaft als unvermeidbar.

Zwar kam auch Morus' Vision nicht ohne Sklaven aus, die »goldene Ketten« schmückten, aber die Trennung zwischen den Klassen wurde bei ihm zu einer Trennung im Leben jedes Einzelnen. Angeregt von Platons *Staat* und den frühen Christen – die nach dem Grundsatz eines umfassenden Gemeineigentums (*omnia sunt communia*) lebten –, ließ er die Bewohner seiner imaginären Insel Utopia Geld und Privateigentum abschaffen. Denn dort, »wo aller Besitz Privatbesitz ist, wo alles am Maßstabe des Geldes gemessen wird, da kann es wohl kaum je geschehen, daß der Staat gerecht und gedeihlich verwaltet wird, wofern du nicht meinst, *das* sei die gerechte Verwaltung, daß das Kostbarste in die Hände der Schlechtesten kommt, oder unter glücklicher Regierung befinde man sich dort, wo alle Habe unter einige wenige verteilt wird, die auch nicht einmal besonders behaglich leben, während alle übrigen ganz unleugbar elend daran sind«. Morus empörte, wie Bauern ihre Äcker verlassen mussten, um der Schafzucht Platz zu machen – »die Bodenbebauer werden hinausgeworfen, entweder gewaltsam unterdrückt oder mit List umgarnt« –, und Viehzüchter ihr Land mit einem Zaun umgaben; Arme, denen nichts anderes übrigblieb, als ihr täglich Brot zu stehlen, warf man ins Gefängnis oder richtete sie kurzerhand hin. Anstelle dieses offenkundig absurden und grausamen Systems, das die einen zu Armut und Tod verurteilte, um den anderen zu Reichtum zu verhelfen, befürwortete Morus die gemeinsame Regelung notwendiger Arbeiten und ein Reich der Freiheit, das allen zum Genuss offenstehen sollte. »Die Organisation dieses Staatswesens«, schrieb er über Utopia, »hat vor allem den Zweck vor Augen, alle Zeit, soweit es die Arbeiten für die Bedürfnisse der Gesamtheit erlauben, den Bürgern zur Abstreifung der Knechtschaft des Leibes und zur Befreiung und Ausbildung des Geistes zugute kommen zu lassen«. Die Klasse der Müßiggänger – Aristoteles' Freie – sollte aufgelöst werden, damit jeder seinen Anteil an freier Zeit und Muße bekommt.[9]

Mehr als dreihundert Jahre später inspirierten diese Ideen den exilierten rousseauistischen Republikaner Étienne Cabet, der Morus' *Utopia* im britischen Museum las und sofort zum Gesellschaftsideal der Befreiung vom Mangel bekehrt war. Er verfasste daraufhin selbst die Abhandlung *Reise nach Ikarien* (1840), in der er für eine »Gütergemeinschaft« plädierte.[10] Morus' Forderung, Geld und Privateigentum abzuschaffen, ergänzte er um den Gedanken, durch den Einsatz hochentwickelter Maschinen die notwendige Arbeit zu reduzieren. Diese Ideen prägten die französischen Kommunisten der vierziger Jahre des 19. Jahrhunderts, denen sich Marx zuwandte, nachdem er den liberalen Republikanismus seiner Jugendzeit hinter sich gelassen hatte.[11] Egalitäre Strömungen, die sich an François-Noël Babeuf orientierten, verwarf Marx wegen ihres Asketismus. Er bezog sich nur selten direkt auf Cabet, der 1848, als Marx und Engels das *Manifest der kommunistischen Partei* schrieben, zum christlichen Mystiker geworden war. Dennoch hatte Marx keine Bedenken, die später berühmte Losung, die das kommunistische Banner zieren sollte – »Jeder nach seinen Fähigkeiten, jedem nach seinen Bedürfnissen« –, fast wörtlich aus *Reise nach Ikarien* zu übernehmen, wo es heißt: »jeder Mensch wird nur nach seinen Kräften und Fähigkeiten zu arbeiten, nur nach seinen Bedürfnissen zu genießen haben«.[12] Viele Auffassungen von Marx über einen materiell befriedeten Zustand sind seinen an Morus orientierten Vorgängern entlehnt.[13]

Über Morus und Cabet hinausgehend erklärte Marx, die von diesen Denkern anvisierte Gesellschaft lasse sich nur verwirklichen, indem eine Massenbewegung entsteht und entsprechend handelt: Kein weiser Gesetzgeber werde sie (wie in den Visionen von Platon, Morus, Rousseau und Cabet) aus seiner erhabenen Höhe herab den Menschen bringen. Deshalb war die Pariser Kommune für Marx ein so wichtiger Impuls.[14] Im kurzen Zeitraum ihres Bestehens erfanden Arbeiter neue Formen demokratischer Selbstregierung, indem sie periodisch gewählte Amtsträger durch Delegierte ersetzten, die jederzeit abberufen werden konnten. Exilanten aus der niedergeschlagenen Kommune wie Élie Reclus zogen später durch Europa und begegneten Revolutionären wie Peter Kropotkin, der detaillierte Entwürfe für den Aufbau demokratisch organisierter Gesellschaften verfasste, denen es an nichts fehlte. Eine besondere Bedeutung wies er dabei freiwilligen Zusammenschlüssen zu. In einer Welt, in der Geld und Privateigentum abgeschafft sind und alle gemeinsam die notwendige Arbeit leisten, würden sie Kropotkin zufolge eine Blüte erleben.[15]

Diese Ideen griffen Otto Neurath – an dessen nationalökonomischen Überlegungen sich die Debatte um die Wirtschaftsrechnung im Sozialismus entzündet hatte – und so unterschiedliche Denker wie W. E. B. Du Bois, John Dewey oder Karl Polanyi auf. Sie alle traten für eine Welt ein, in der demokratische Zusammenschlüsse von Frauen und Männern die Herrschaft der Märkte durch eine kooperative Produktion ablösen und – unter Zuhilfenahme kapitalistischer Technologien – die notwendigen Gemeinschaftsarbeiten reduzieren würden, um das Reich der individuellen Freiheiten zu erweitern. Du Bois schätzte, in der »künftigen industriellen Demokratie« werde es genügen, wenn jede und jeder nur »drei bis sechs Stunden« notwendige Arbeit leiste, womit »reichlich Zeit für Muße, Leibesübungen, Bildung und Nebenbeschäftigungen« bleibe: Anstatt die einen zu »niederen Tätigkeiten« zu nötigen, damit andere sich der Kunst widmen können, sollten wir »alle Künstler sein und alle dienen«. Bevor die Begriffe »Sozialismus« und »Kommunismus« mit der zentralistischen Planung und rücksichtslos forcierten Industrialisierung im Stalinismus identifiziert wurden, hatten sie für viele Menschen genau diesen Gehalt.[16] Im Folgenden werde ich die Elemente eines solchen Gesellschaftsentwurfs nacheinander erörtern, um zu skizzieren, wie umfassend entfaltete Individuen nach der Eroberung der Produktion das heutige Problem schwacher Nachfrage nach Arbeit in sozialemanzipatorischer Weise lösen könnten.

Gerechte Kooperation

Im Reich der Notwendigkeit würden wir uns die Arbeiten, die unser gemeinsames Leben erfordert, teilen; sie schaffen die Grundlage für alles, was wir sonst noch tun möchten. Ihr genauer Umfang wäre nicht a priori gegeben – und daher demokratisch festzulegen –, müsste aber alle lebensnotwendigen Güter und Dienstleistungen abdecken (Wohnraum, Essen, Kleidung, Kanalisation, Wasser und Strom, Gesundheitsfürsorge, Bildung, Kinderbetreuung, Altenpflege, Transport- und Kommunikationsmittel usw.). Theoretiker einer nicht mehr von Knappheit beherrschten Gesellschaft veranschlagen dafür meist einen Drei- bis Fünfstundentag – was die heute übliche Wochenarbeitszeit um die Hälfte bis zwei Drittel verkürzen würde –, aber diese Zeit ließe sich auch auf einzelne Wochentage oder bestimmte Lebensjahre konzentrieren. Neben Arbeitsstunden kämen für die gesellschaftliche Buchführung noch andere Maßstäbe in Betracht. Wir würden Verantwortlichkeiten unter Berücksichtigung individueller Fähigkeiten und Neigungen verteilen; manche Aufgaben müssten vor Ort erledigt werden, andere ließen sich mithilfe moderner Informationstechnologien auf regionaler oder globaler Ebene planen.

Natürlich lassen sich viele notwendige Arbeiten nicht beliebig breit verteilen, weil sie bestimmte Qualifikationen erfordern: Wir bräuchten weiterhin Landwirte, Bauarbeiterinnen, Hirnchirurginnen, Elektriker und Maschinenführerinnen – wobei die erforderlichen Spezialkenntnisse in einer Gesellschaft der umfassenden Entfaltung menschlicher Fähigkeiten weiter gestreut wären. Eine Möglichkeit, die Arbeitsteilung zu regeln, hat der Schriftsteller Edward Belamy in seinem utopischen Roman *Rückblick aus dem Jahre 2000* (1888) beschrieben: Angebot und Nachfrage werden nicht mehr über die Höhe des Lohns entscheiden, sondern über die Länge der Arbeitszeit; sie wird so lange herabgesetzt, bis sich Freiwillige für die betreffende Aufgabe finden, und wer besonders gefährliche oder anstrengende Tätigkeiten ausübt, erhält einen Ehrentitel. So wie verschiedene Gesellschaften heute jeweils andere Institutionen für Bildung und Ausbildung bevorzugen, bräuchte es für das

Problem der Arbeitsteilung keine Einheitslösung, solange nicht wichtige Aufgaben liegenbleiben oder erneut eine elitäre Klasse von Technikern entsteht.[17]

Als Ergebnis einer solchen Aufteilung der Arbeit würden sich mehr Menschen an den notwendigen Tätigkeiten beteiligen – nicht zuletzt die, die heute als Überflüssige an den Rand gedrängt sind – und der erforderliche Arbeitsumfang für jede Einzelne entsprechend sinken. Natürlich müsste es gesonderte Regelungen für Menschen mit Behinderung geben und zudem jeder die Möglichkeit haben, über längere Zeiträume gar nicht zu arbeiten – sei es zur Erholung, zum Reisen, zum Trauern oder um sich in Kultur zu vertiefen. Damit solche notwendigen Arbeiten überhaupt aufgeteilt werden können, müsste sich ihr Charakter drastisch verändern. Gesellschaftliche Unterscheidungen zwischen bezahlter und unbezahlter Arbeit, die Frauen historisch in die »verborgene Stätte der Produktion« im Haushalt verwiesen haben, wären aufzugeben. Darüber hinaus müssten Produktion und Konsumtion als geschlossener Kreislauf begriffen werden, nicht als von anderen sozialen und ökologischen Gesichtspunkten abgetrennte Endpunkte.[18] Die Koordination zwischen Güterproduzenten, Landwirtinnen, Köchen, Reinigungskräften, Ingenieurinnen und Künstlern könnte so zur Grundlage für neue Formen eines »*luxe communal*«, eines gemeinschaftlichen Luxus werden.[19]

Wenn diese anfängliche Metamorphose abgeschlossen ist, bleibt die Frage, wie eine in ihren Fähigkeiten voll entfaltete Menschheit die gemeinsamen Arbeiten weiter umgestalten könnte. Hier gilt es zu bedenken, dass die in kapitalistischen Gesellschaften entwickelten Technologien nicht neutral sind: Sie sind so entworfen, dass sie die Herrschaft des Kapitals verkörpern, nicht um die Menschheit von Mühsal zu befreien. Dennoch verfügen wir bereits über die technischen Möglichkeiten, viele Aufgaben angenehmer zu gestalten, als sie es heute sind. Statt den Bedürfnissen der Eigentümerklasse zu dienen, könnte das entsprechende Know-how dafür genutzt werden, die Trennungen zwischen qualifizierter und unqualifizierter Arbeit aufzubrechen oder bestimmte Arten von Arbeit ganz zu beseitigen. Jedenfalls würden solche Fragen dadurch geregelt, dass Menschen gemeinsam entscheiden, was sie tun wollen, und nicht vermeintlich unaufhaltsame technologische Kräfte über ihre Köpfe hinweg. Anstatt auf ein Ende unserer wechselseitigen Verpflichtungen hinzuwirken – für Automatisierungstheoretiker das Fundament einer Welt der universellen Menschenwürde –, ginge es darum, diese Verpflichtungen anzuerkennen und umzugestalten. Das ist kein Plädoyer für Arbeitsethik; es entspricht lediglich der Erkenntnis, dass eine freie Existenz hier und jetzt erreicht werden kann, selbst wenn Plackerei weder verschwunden ist noch je verschwinden wird. Dem gesellschaftlichen Leben seinen entfremdeten Charakter zu nehmen, indem man es unter demokratische Kontrolle und gemeinsame Obhut stellt, wird das entscheidende Mittel, um zu gewährleisten, dass individuelle Freiheit allen zukommt.[20]

Die hier als notwendig oder reproduktiv bezeichnete Arbeit ist wohlgemerkt nicht notwendigerweise unbefriedigend, zumal dann nicht, wenn sie so aufgeteilt wird, dass sie bei niemandem das gesamte Leben beherrscht. Kinderbetreuung zum Beispiel kommt nicht nur Kindern zugute, sondern auch Erwachsenen, denen sich so die Wunder der kindlichen Welterfahrung eröffnen. Auch Kochen oder Geschirrspülen kann, gemeinsam erledigt, dazu beitragen, dass man Beziehungen knüpft oder vertieft (und, alleine verrichtet, dass man den Kopf frei bekommt). Ob Menschen mit umfassend ausgebildeten Fähigkeiten solche Aufgaben lieber an Essensreplikatoren und Reinigungsdrohnen delegieren würden, um sich ungestört der wissenschaftlichen Forschung widmen zu können, wird sich zeigen.

Die auf das Ende von Mangel zielende Tradition geht davon aus, dass eine solche Neuorganisation der notwendigen Arbeiten eine zwang- und kostenlose Verteilung ermöglicht. Jede kann in die gemeinschaftlichen Güterlager und Dienstleistungszentren gehen und bekommt, was sie braucht – »ohne irgendwelche Gegenleistung«, wie Morus schrieb.[21] Alle haben unabhängig von ihrem Beitrag zur notwendigen Arbeit ein Recht auf Essen und Trinken, Kleidung, Wohnraum, medizinische Versorgung, Bildung, Transport, Kommunikation etc., »so wie alle Menschen ein Recht darauf haben, sich in der Hitze der Sonne zu wärmen« – auch wenn ökologische Nachhaltigkeit einer solchen Versorgung Grenzen setzen würde.[22] Man könnte einfach in einen Zug steigen, in der lokalen Kantine speisen, eine professionelle Zahnreinigung bekommen, die Kinder in die Kita bringen, eine Berufsschule besuchen oder eine Übernachtungsgelegenheit in Anspruch nehmen, ohne dass man sein Recht darauf nachweisen müsste. Eine Möglichkeit, jemanden von diesen sozialen Gütern auszuschließen, gäbe es nicht.

Zur Verwirklichung einer solchen Gesellschaft braucht es kein Füllhorn im buchstäblichen Sinne. Sie erfordert lediglich die Überwindung von Mangel und der mit ihm verbundenen Mentalität, um es den Menschen in den Worten von Morus zu ermöglichen, »ohne jede Sorge, frohen und ruhigen Gemütes zu leben«.[23] Fülle ist, so verstanden, nichts, was jenseits einer bestimmten technologischen Schwelle läge, sondern ein gesellschaftliches Verhältnis: Es beruht auf dem Prinzip, dass in keiner Beziehung, die man zu anderen unterhält, die Fähigkeit, die eigene Existenz zu sichern, auf dem Spiel steht. Die umfassende Sicherheit, die ein solches Prinzip mit sich bringt, ermöglicht es allen Menschen, sich statt der Frage, wie sie ihr Überleben sichern, eine andere zu stellen: »Was möchte ich mit meiner Lebenszeit anfangen?«[24] Manche werden sich ganz einer Idee verschreiben, andere sich immer wieder neu erfinden. Das wesentliche Ziel bestünde darin, »sich selbst zu verbessern, Fähigkeiten zu entfalten und dies zu genießen« (wie Captain Picard vom Raumschiff *Enterprise* einem Finanzmogul erklärt, der sich im 21. Jahrhundert einfrieren ließ, nur um zu seinem Entsetzen in einer Welt ohne Mangel wiederbelebt zu werden).[25]

Um sicherzustellen, dass die notwendige Arbeit tatsächlich geleistet wird, könnte es in einer solchen Welt noch Sanktionen geben. Der Anreiz zur Arbeit bestünde aber nicht mehr in der Drohung mit dem Hungertod, sondern in einer Einladung zur Kooperation. Dass Hunger und Obdachlosigkeit nicht die besten Motivatoren sind, haben Wirtschaftswissenschaftler seit langem erkannt. Bereits zu Kropotkins Zeiten räumten Ökonomen ein, »daß allein der Mensch wirklich produziert, der in voller Freiheit arbeitet, unter seinen Tätigkeiten eine gewisse Wahl treffen kann, hinter dem kein Aufseher steht, der ihn behindert, und der endlich sieht, daß seine Arbeit ihm und denjenigen, die es ihm gleichtun, zugute kommt«.[26] Ein Bestsellerautor aus der Motivationsforschung kam kürzlich zu demselben Ergebnis: Nicht höhere Bezahlung bringt die beste Arbeit hervor, sondern das Gefühl von Selbstbestimmung, Perfektionierung und Sinnerfüllung.[27]

Die erfolgreiche Organisation einer Welt ohne Mangel würde voraussetzen, dass ihre Bewohnerinnen auf eine für sie befriedigende Weise die Probleme lösen, die im 20. Jahrhundert von den Debatten über die Wirtschaftsrechnung im Sozialismus aufgeworfen wurden. Dazu stünden die Mittel des 21. Jahrhunderts bereit: Mit digitalen Technologien könnten sie ihre Bedürfnisse und Tätigkeiten koordinieren, indem sie Algorithmen (für die Verarbeitung von Daten und die Präsentation von Alternativen) sowie Protokolle (für strukturierte Entscheidungen über solche Alternativen) entwerfen und sie im Lauf der Zeit ausgehend von Erfahrungen verändern und anpassen. Jede Einzelne müsste mit digitalen Anwendungen umgehen können, um ihre Bedürfnisse zu artikulieren und sie an die zuständigen Vereinigungen zu übermitteln; diese wiederum müssten in der Lage sein, sich auf faire und rationale Weise untereinander Ressourcen zuzuteilen und mit ihnen auszukommen. Effizienz wäre nicht mehr ein übergeordnetes Ziel der Produktion, aber die Produzentinnen müssten weiterhin die Möglichkeit haben, je nach der Verfügbarkeit verschiedener Vorprodukte eine vernünftige Wahl zwischen mehreren Herstellungsverfahren zu treffen. Ebenso müsste es möglich sein, Produzentinnen dafür verantwortlich zu machen, wenn sie demokratisch festgelegte gesellschaftliche Standards nicht einhalten. Auch für den Umgang mit diesen wesentlichen Problemen gäbe es vermutlich nicht die optimale Einheitslösung.[28]

Freie Zeit für alle

Für Theoretiker einer solchen Gesellschaft ist die Neugestaltung des Reichs der Notwendigkeit kein Selbstzweck; die von ihr hervorgebrachte Solidarität erweitert zugleich das Reich der Freiheit und gewährleistet, dass alle an ihm Anteil haben.[29] Sobald das Notwendige geleistet ist, steht es jeder Einzelnen frei, ihre Individualität – außerhalb der jeweils gegebenen Gemeinschaft – zu entfalten. Auch wenn hochentwickelte Technologien zweifellos zur Ausweitung der Sphäre der Freiheit beitragen werden, geht es entscheidend darum, eben das, was Automatisierungstheoretiker auf technischem Wege zu erreichen hoffen, durch ein kollektives gesellschaftliches Projekt zu ermöglichen.

Sinn des Reichs der Freiheit ist es natürlich, Zeit zu haben für Sozialleben oder um allein zu sein, für Hobbys oder um gar nichts zu tun – »Rien faire comme une bête, auf dem Wasser liegen und friedlich in den Himmel schauen«.[30] In diesem Satz von Theodor W. Adorno klingt eine Welt an, in der die materielle Enteignung und die von ihr bedingte existenzielle Unsicherheit vollständig abgeschafft sind. Um einen solchen Zustand ins Auge zu fassen, muss man weder unterstellen, dass sich alle unterschiedlichen Interessen ganz von selbst in Harmonie auflösen, noch dass der Mensch von Natur aus gut ist. Im Gegenteil, ein Ende ökonomischer Zwänge würde bedeuten, dass viele Menschen die Freiheit erhalten, knechtende Beziehungen in ihrem Privat- oder Arbeitsleben aufzukündigen oder neu auszuhandeln.[31]

Was würden Menschen mit der gewonnenen freien Zeit anfangen? Das angestrebte Ende des Mangels ist auch als »Ende der Arbeit« beschrieben worden, aber das trifft die Sache nicht.[32] Selbst die arbeitsmüdesten Menschen werden nach einer Phase der Ruhe und Erholung unruhig und suchen nach Beschäftigung. Die Neugestaltung des gesellschaftlichen Lebens, die die notwendige Arbeit zurückdrängt, zielt daher nicht auf die Überwindung von Arbeit schlechthin; sie zielt darauf ab, den Menschen die Freiheit zu verschaffen, Tätigkeiten nachzugehen, die weder eindeutig als Arbeit noch als Muße gelten können, etwa Wandgemälde malen, Sprachen lernen, Wasserrutschen bauen – oder weniger zeitaufwendige Methoden für die Erledigung gemeinsamer Aufgaben austüfteln. Andere schreiben vielleicht Romane oder erfinden sich durch Bildung oder Forschung neu. Wie von konservativen und linken Automatisierungstheoretikern gleichermaßen anvisiert, würde das Ende des Mangels Menschen die Möglichkeit eröffnen, freiwillige Zusammenschlüsse mit anderen aus aller Welt zu bilden, sei es ein Arbeitskreis für mathematische Grundlagenforschung, ein Klub zur Erfindung neuer Musikinstrumente oder ein Verband für den Bau von Raumschiffen. Die meisten könnten zum ersten Mal in ihrem Leben tatsächlich freie Übereinkünfte schließen – ohne dass ihnen die allgegenwärtige materielle Unsicherheit wie eine Pistole im Nacken sitzt.

Unter diesen Bedingungen würden »kreative Geister und wissenschaftliche Talente« nicht mehr »aufgrund von Zufällen des Geburtsorts, des Pechs widriger Umstände oder der Notwendigkeit, zu überleben, verschwendet«.[33] Auch wäre die Förderung von Forschung oder Kunst nicht länger dem Profitmotiv unterworfen oder von den Interessen der Vermögenden diktiert. Was wir in der Gesellschaft des Mangels »Kapital« nennen, würde nach der Überwindung dieses Mangels als das verstanden werden, was es in Wirklichkeit ist: *unser gemeinsames gesellschaftliches Erbe*.[34] Über Generationen hinweg aufgebaut, gehört es niemandem und allen; ohne dieses Erbe könnte niemand größere Ziele erreichen oder sie sich auch nur vorstellen.

Wie würden Menschen die erforderlichen Ressourcen bekommen, um ihren Leidenschaften nachzugehen? Vermutlich könnten sich viele dieser Leidenschaften am besten im Reich der Freiheit in freiwilligen Zusammenschlüssen und Vereinigungen entfalten. Auf den ersten Blick könnte man meinen, das Reich der Notwendigkeit – geprägt vom Druck zu Produktivitätssteigerung, Arbeitszeitersparnis und Reallokation von Ressourcen – werde größere Ähnlichkeit mit einer kapitalistischen Wirtschaft aufweisen. Mit dem Wegfall von Marktzwängen ist jedoch eher zu erwarten, dass es sich nur langsam verändern wird, indem es Innovationen aus dem Reich der Freiheit aufnimmt. Deren praktische Umsetzung könnte mitunter lange dauern, da der Schrittmacher der Marktkonkurrenz entfiele und Veränderungen der Arbeitsprozesse stattdessen in Abstimmung zwischen verschiedenen Komitees beschlossen werden müssten – von denen manche es vielleicht vorziehen, einfach ihre Arbeit zu erledigen, anstatt sie besser zu organisieren. Einen Wachstumszwang, ein Wachstum um des Wachstums willen, gäbe es nicht mehr, zumal viele notwendige Arbeiten Dienstleistungen wären, deren Produktivität nur schwer ohne Qualitätseinbußen zu steigern ist.

Damit wäre es gerade das Reich der Freiheit, das Dynamiken aller Art in Gang setzt: Eben hier würden Menschen neue Werkzeuge, Geräte und Buchführungsmethoden, aber auch neue Spiele und technische Spielereien erfinden, um dem Wandel der Geschmäcker und Vorlieben gerecht zu werden, und Ressourcen entsprechend umverteilen. Da im Reich der Freiheit jede Mitwirkung in einem Zusammenschluss freiwillig wäre, müsste niemand weiterhin tun, was er bislang getan hat, nur um das Überleben zu sichern. Die Menschen würden ausschließlich tun, was sie tun wollen.

Statt des einen zentralen Plans gäbe es somit jeweils begrenzte, sich überschneidende Pläne, in denen notwendige und freie Tätigkeiten aufeinander bezogen wären. Die damit verbundene Frage, was überhaupt als Notwendigkeit zählt und was als Freiheit, würde eine befreite Menschheit für sich auf politischem Wege klären. Innerhalb dieses Rahmens sind ganz unterschiedliche Arrangements umfassend entfalteter Individuen denkbar: Sie könnten in größeren Gemeinschaften leben oder in kleinen, viel arbeiten oder eher wenig, um stattdessen Natur, Gesellschaft, ihr eigenes Denken, die Ozeane oder die Sterne zu erforschen; vielleicht leben sie lieber in relativer Ressourcenknappheit oder inmitten von Überfluss, solange bestimmte Grundvoraussetzungen nachhaltiger materieller Sicherheit erfüllt sind. Als Allererstes würden Menschen in einer vom Mangel befreiten Welt – außer für die Erfüllung aller Grundbedürfnisse zu sorgen – gewiss einen erheblichen Teil ihrer gemeinsamen Ressourcen und Intelligenz darauf verwenden, den Klimawandel aufzuhalten oder sogar umzukehren und die Jahrhunderte andauernde Ungleichheit zu überwinden, die auf die Kolonialisierung folgte.[35]

Zweck dieser Übung ist es zu zeigen, dass utopische Gedankenexperimente auch die Menschen ins Zentrum rücken und ihnen Vorrang vor dem technischen Fortschritt geben können. Die fundamentale Würde der mehr als sieben Milliarden Menschen anzuerkennen, die heute auf der Welt leben, verlangt von uns, nicht länger zu akzeptieren, dass die einen zu einem Leben voller Mühsal genötigt sind, damit die anderen ihre Freiheit genießen können. Es bedeutet, dass wir die in einer technisch entwickelten Gesellschaft verbleibende Arbeit so unter uns aufteilen, dass jede das Recht und die Macht hat zu entscheiden, was sie mit ihrer Zeit anfängt.

Vielleicht kann diese kurze Skizze einer Gesellschaft jenseits des Mangels auch als Maßstab zur Beurteilung der verschiedenen Wege dienen, die uns angeblich zu ihr führen sollen. Von diesem Standpunkt aus betrachtet ist klar, dass es in der Welt, wie sie heute eingerichtet ist, nichts gibt, was automatisch eine solche Gesellschaft hervorbringen wird. Wirtschaftswachstum befreit uns nie vom Zwang zu noch mehr Wachstum. Lebenserwartung, Bildungsniveaus und der Grad der Verstädterung sind mit der Zeit immens gestiegen, bleiben aber höchst ungleich verteilt. Unterdessen sind die meisten Menschen selbst in den reichsten Ländern derart atomisiert, von materieller Unsicherheit geprägt und ihrer kollektiven Fähigkeiten entfremdet, dass sich ihr Horizont verengt. Wenn Vollautomatisierung sowohl als Traum wie als Albtraum erscheinen kann, dann weil sie nicht zwingend mit menschlicher Würde verbunden ist und nicht von selbst zur Überwindung von Mangel führen wird – ebenso wenig wie das bedingungslose Grundeinkommen. Würde der Zugang zu Bildung und Gesundheitsfürsorge drastisch erweitert, würden gesellschaftliche Bindungen durch die gemeinsame Aufteilung der notwendigen Arbeiten erneuert, Industrien teilweise vergesellschaftet und massive Investitionen in die Umstellung von fossilen Brennstoffen auf erneuerbare Energien fließen – dann könnte ein Grundeinkommen Teil eines umfassenderen, auf menschliche Freiheit zielenden Projekts sein.[36] Aber auch ganz andere Wege in eine Welt ohne Mangel wären denkbar. Ohne eine klare Vorstellung davon, wie diese kommende Welt aussehen könnte, verliert man leicht die Orientierung.

Postskriptum: Akteure der Veränderung

Wenn weder technischer Fortschritt noch technokratische Reformen zwangsläufig zu einer Welt jenseits des Mangels führen, dann kann nur der Druck sozialer Bewegungen, die auf eine radikale Umgestaltung des gesellschaftlichen Lebens drängen, eine solche Welt entstehen lassen. Einer der enttäuschendsten Aspekte des Automatisierungsdiskurses ist seine Tendenz, die Bedeutung existierender gesellschaftlicher Kämpfe zu unterschätzen. Robert van der Veen und Philippe van Parijs nahmen 1986 in ihrem Text »A Capitalist Road to Communism« noch an, angesichts des Zusammenspiels eines »rapiden technologischen Wandels, der Arbeit einspart«, mit »Schranken des Wirtschaftswachstums« könne man »darauf vertrauen«, dass rationales menschliches Handeln »früher oder später« Kräfte erzeugen werde, die gesellschaftliche Veränderungen einfordern und durchsetzen. Dreißig Jahre später verzweifeln Nick Srnicek und Alex Williams an den tatsächlich entstandenen Kräften, die bloß »Folk-Politik« betrieben: Auf die wachsende Komplexität der modernen Welt reagierten die Bewegungen mit der Forderung nach einer Rückkehr zur Überschaubarkeit lokaler Gemeinschaften und nach direkten persönlichen Interaktionen.[1]

Wenig Hoffnung in das emanzipatorische Potenzial heutiger sozialer Kämpfe zu setzen, ist nicht unbegründet. Zur Bezwingung eines aggressiven Neoliberalismus bräuchte es eine massive und anhaltende Mobilisierung, doch die einzige Bewegung mit der dafür erforderlichen Größe und Stärke – die historische Arbeiterbewegung – hat eine vollständige Niederlage erfahren. Streiks und Gewerkschaftsdemonstrationen sind heute weitgehend defensiv; die Lohnabhängigen kämpfen nur noch für die Verlangsamung der kapitalistischen Dampfwalze, die auf mehr Austerität, mehr Flexibilisierung des Arbeitsmarktes und mehr Privatisierungen drängt, um einer nicht endenden und immer deutlicheren Abschwächung der wirtschaftlichen Dynamik entgegenzuwirken. Die Arbeiterbewegung hat nie eine Möglichkeit gefunden, wie sie auf technologisch bedingten Stellenabbau unter den Bedingungen eines nachlassenden Wirtschaftswachstums reagieren könnte. Es scheint, wie der Wirtschaftssoziologe Wolfgang Streeck notiert, »als desorganisiere der desorganisierte Kapitalismus nicht nur sich selbst, sondern gleichzeitig auch seine Gegenkräfte«.[2] Daher ist der lange Abstieg in die ökonomische Stagnation nicht mit einer Erneuerung von Massenorganisationen der Arbeiterklasse einhergegangen.

In den Jahren seit der Krise von 2008 hat diese politische Erstarrung allerdings erste Risse bekommen. Soziale Kämpfe haben ein Ausmaß und eine Wucht erreicht wie seit Jahrzehnten nicht mehr. Über sechs Kontinente hinweg – von China und Hongkong bis nach Algerien, Irak und Libanon, von Argentinien und Chile bis nach Frankreich und Griechenland, von Australien und Indonesien bis in die USA – ist es zu Wellen von Streiks und sozialen Bewegungen gekommen, zuletzt sind 2019 erneut weltweite Massenproteste ausgebrochen.[3] Zahllose Menschen haben sich an Arbeitsniederlegungen, Besetzungen, Blockaden, Demonstrationen und Straßenkämpfen beteiligt, um gegen die Symptome eines langfristigen Rückgangs der Nachfrage nach Arbeit zu protestieren – gegen Ungleichheit, unsichere Beschäftigung, korrupte Regierungen und Austeritätsmaßnahmen, gegen Preiserhöhungen bei Lebensmitteln, Energie und im öffentlichem Verkehr. Auch Polizeimorde haben erbitterte Massenproteste ausgelöst; Menschen nehmen es nicht länger hin, dass sie rassistisch behandelt werden und keine gesellschaftliche Anerkennung erfahren.

Ohne Zweifel hat es diesen explosiven Bewegungen bislang an der nötigen Ausdauer gefehlt, um störrische Regierungen zum Nachgeben zu zwingen; sie haben Rückschläge und Niederlagen erlitten. Dennoch konnten sie den politischen Horizont erweitern und eine jüngere Generation von Aktivistinnen radikalisieren. Vielleicht ähnelt unsere Zeit der Mitte des 19. Jahrhunderts nicht nur darin, dass sie utopische Visionäre hervorbringt, sondern auch weil der Gedanke einer emanzipatorischen Veränderung der Gesellschaft immer breitere Zustimmung erfährt. Objektive Kennzeichen der vergangenen Jahrzehnte stützen diese Hypothese: Noch nie in der Weltgeschichte waren so große Teile der Bevölkerung so gebildet, so urban und so vernetzt wie heute. Wie der Journalist Paul Mason bemerkt, werden sich gut ausgebildete und mobile Menschen »nicht mit einer Zukunft der Ungleichheit und der wirtschaftlichen Stagnation abfinden«, und das auf einem Planeten mit steigendem Meeresspiegel.[4] Ob uns das einer freieren Zukunft näherbringt, ist eine offene Frage.

Anfang 2020 brachte die Ausbreitung der Corona-Pandemie die Globalisierung sozialer Kämpfe vorübergehend zum Erliegen, aber mit dem gleichzeitigen

Einsetzen einer tiefen weltweiten Rezession gewinnen sie wieder an Dynamik. Sicher werden diese sozialen Bewegungen – sollten sie sich verstetigen – kaum wie die Arbeiterbewegungen früherer Jahrhunderte aussehen. Von ihnen ist die Gegenwart durch enorme Umbrüche getrennt. Die Arbeiterbewegungen entstanden in einer langen Phase der Industrialisierung, während wir in einer postindustriellen Tristesse leben: In unserem Kampf wird es um die Folgen gehen, die das Ende der Industrialisierung hat. Gewiss ist die Weltwirtschaft noch immer von der Industrieproduktion abhängig, und es gibt weiterhin Fabrikarbeiter. Der Rückgang der industriellen Beschäftigungsquote hat jedoch zur Folge, dass diese Arbeiter nicht länger als Repräsentanten einer gerechteren und vernünftigeren Ordnung der Zukunft auftreten können. Selbst in Ländern wie Südafrika, Südkorea und Brasilien, die sich erst spät industrialisiert haben und in denen Fabrikarbeiter in den siebziger und achtziger Jahren maßgeblich am Kampf für Demokratie beteiligt waren, prägt längst der Dienstleistungsbereich die Ökonomie.[5]

Die veränderte Struktur der Erwerbsbevölkerung wird auch die Gestalt der sozialen Bewegungen der Gegenwart prägen. Auch wenn der Automatisierungsdiskurs dazu neigt, diesen Trend zu überzeichnen, spielt direkte menschliche Arbeit in den Kernindustrien heute tatsächlich eine viel geringere Rolle als früher; wie von Marx vorhergesagt, haben Wissenschaft und Technik, vergegenständlicht in riesigen Infrastrukturen und Maschinen, sie als die primäre Produktivkraft weitgehend verdrängt. Viele Arbeiterinnen wurden beiseitegeschoben und müssen nun einen Großteil ihrer Lebenszeit Dienstleistungsjobs opfern, die mit ihrer nur langsam wachsenden Produktivität keine Perspektive bieten. Die dynamischen Kämpfe, die früheren Arbeitergenerationen Auftrieb gaben – Kämpfe um die Frage, wem das kontinuierliche Produktivitätswachstum zugutekommen sollte –, finden folglich nicht mehr statt. Für die meisten Beschäftigten hat der Zwang des Kapitals zur Senkung der Produktionskosten heute nur noch eine Intensivierung der Arbeit ohne entsprechenden Lohnzuwachs zur Folge. Das bedeutet nicht, dass es keine Betriebskämpfe mehr gäbe, aber sie werden von einer anderen Logik bestimmt.

Einige linke Autoren meinen, Arbeiterinnen in unsicheren Beschäftigungsverhältnissen fehle es zur Durchsetzung ihrer Forderungen an Machthebeln in der Produktion – auch wenn ihr Unmut noch so groß sein mag.[6] Tatsächlich hat sich aber gezeigt, dass es in einer Welt der schlanken Just-in-time-Produktion effektiv sein kann, in städtischen Großräumen die Verkehrsströme zu unterbrechen. Ein frühes Beispiel dafür war die Bewegung der Piqueteros in Argentinien: Ab Mitte der neunziger Jahre blockierten Erwerbslose Autobahnen bei Buenos Aires, um ihrer Forderung nach höheren Sozialleistungen Nachdruck zu verleihen.[7] Seit 2011 haben Arbeiter in den USA, Frankreich, Ägypten und andernorts diese Taktik wiederholt übernommen.

In den autonomen Räumen, die sich im Zuge großer Kämpfe eröffnen, werfen die daran Beteiligten Fragen nach der Verfasstheit und Zukunft der Gesellschaft auf. Versammlungen stehen gewöhnlich jedem offen. Auch wenn informelle Hierarchien nicht vollständig überwunden sind, besteht Einigkeit darüber, dass bei gesellschaftlichen Angelegenheiten alle ein Mitspracherecht haben sollten. Bei Besetzungen und Blockaden kümmern sich

Menschen sehr wohl umeinander. Sie kochen, putzen und betreuen Kinder, ohne eine Gegenleistung zu erwarten, obwohl sie die dafür benötigten Dinge aus eigener Tasche bezahlt und im Rahmen einer Lebensnormalität erworben haben, die sie durch solche Aktionen aufzubrechen versuchen. Derartige Bemühungen sind nicht schlechthin Ausdruck eines Wunschs nach einfachem Leben, weder im Sinne einer völkischen noch einer »Folk«-Politik. Vielmehr deutet sich in ihnen, wenn auch zaghaft, eine Welt der universellen Menschenwürde an; eine, die weniger Grenzen und Zugangsbeschränkungen kennt.

Bislang konnten diese Protestbewegungen – ganz gleich, wie groß sie waren – nicht die Schranken überwinden, auf die sämtliche Kämpfe um eine unter dem Druck von Lohnstagnation, unsicherer Beschäftigung und Sozialstaatsabbau drastisch verschlechterte Reproduktion der Arbeiterklasse gestoßen sind. Selbst wo sie Streiks der verbliebenen industriellen Kerne ausgelöst und sich mit ihnen verbunden haben, vermochten sie nicht von der Ebene der *Reproduktion* aus die der *Produktion* zu erklimmen. Sosehr sie als Störfaktoren inmitten der Katastrophe der Gegenwart auch Hoffnung wecken – trotz der Corona-Pandemie –, so sehr mangelt es den Protesten unserer Zeit bislang an der Vision einer vollkommen anderen Welt; einer Welt, in der die Infrastrukturen kapitalistischer Gesellschaften unter kollektive Kontrolle gelangen, Arbeit neu organisiert und umverteilt wird, Mangel durch kostenlosen Zugang zu Gütern und Dienstleistungen ein Ende hat und menschliche Fähigkeiten entsprechend erweitert werden, da sich neue Perspektiven von existenzieller Sicherheit und Freiheit eröffnen.

Sofern soziale Kämpfe sich nicht an dieser historischen Aufgabe, der Eroberung der Produktion, orientieren, wird ihnen der entscheidende Durchbruch verwehrt bleiben: neu zu bestimmen, was es heißt, ein Mensch zu sein – in einer Welt ohne Armut und Milliardäre zu leben, einer Welt ohne staatenlose Flüchtlinge und Internierungslager, ohne eine Plackerei, die kaum einen Moment der Ruhe, geschweige denn Zeit zum Träumen lässt. Bewegungen ohne Vision sind blind; aber Visionen ohne Bewegungen sind leer. Ohne einen breit geführten Kampf für eine Welt jenseits des Mangels werden die spätkapitalistischen Visionäre bloß technik-utopistische Mystiker bleiben.

Anmerkungen

Vorwort

1 Zusätzliche Forschungsarbeiten für dieses Buch erfolgten im Rahmen des von der Deutschen Forschungsgemeinschaft (DFG) geförderten Exzellenzclusters »Contestations of the Liberal Script« (EXC 2055, Projekt-Kennziffer: 390715649).

1. Der Automatisierungsdiskurs

1 Edward Bellamy, *Rückblick aus dem Jahre 2000* [1888], übers. v. Clara Zetkin, Berlin/München: Golkonda 2017, S. 134.

2 Vgl. Daniela Hernandez, »How to Survive a Robot Apocalypse: Just Close the Door«, in: *Wall Street Journal*, 10. November 2017; David Autor, »Why Are There Still So Many Jobs? The History and Future of Workplace Automation«, in: *Journal of Economic Perspectives* 29/3 (2015), S. 25f.

3 Andy Puzder, »The Minimum Wage Should Be Called the Robot Employment Act«, in: *Wall Street Journal*, 3. April 2017; Françoise Carré/Chris Tilly, *Where Bad Jobs Are Better. Retail Jobs across Countries and Companies*, New York: Russell Sage 2017.

4 Diese Position unterscheidet sich von jener, die Technikoptimisten wie Ray Kurzweil vertreten: Ihnen zufolge wird der technologische Wandel ganz von allein eine utopische Welt hervorbringen, eine gesellschaftliche Transformation ist dafür nicht nötig.

5 Erik Brynjolfsson/Andrew McAfee, *The Second Machine Age. Wie die nächste digitale Revolution unser aller Leben verändern wird*, übers. v. Petra Pyak, Klumbach: Plassen, S. 19, 157, 159-163, 210, 278.

6 Martin Ford, *Aufstieg der Roboter. Wie unsere Arbeitswelt gerade auf den Kopf gestellt wird – und wie wir darauf reagieren müssen*, übers. v. Matthias Schulz, Kulmbach: Plassen Verlag 2016, S. 17, 261f.

7 Ebd., S. 257-261. – Unter den vielen Büchern, die Jahr für Jahr zum Thema Automatisierung erscheinen, ragen zwei heraus: Carl Benedikt Frey, *The Technology Trap. Capital, Labor, and Power in*

the Age of Automation, Princeton: Princeton University Press 2019, und Daniel Susskind, *A World without Work. Technology, Automation, and How We Should Respond*, New York: Metropolitan Books 2020. Zu einem späten Zeitpunkt in der aktuellen Welle des Automatisierungsdiskurses veröffentlicht, sind beide Bücher exemplarisch für eine pessimistische Wende. Während Frey nicht der Auffassung ist, dass die Automatisierung zwangsläufig eine Welt ohne Arbeit hervorbringen wird, geht Susskind zwar eben davon aus, bestreitet aber, dass das BGE eine tragfähige Lösung des Problems bietet.

8 Andy Kessler, »Zuckerberg's Opiate for the Masses«, in: *Wall Street Journal*, 18. Juni 2017.

9 Vgl. etwa Iain M. Banks, *Blicke windwärts*, München: Heyne 2015, sowie seinen Text »Einige Anmerkungen zur Kultur«, übers. v. Jürgen Thomann, in: ders., *Bedenke Phlebas*, übers. v. Rosemarie Hundertmarck, München: Heyne 2019, S. 733-766.

10 Vgl. Claire Cain Miller, »A Darker Theme in Obama's Farewell: Automation Can Divide Us«, in: *New York Times*, 12. Januar 2017; Kessler, »Zuckerberg's Opiate For the Masses«; Eduardo Porter, »Jobs Threatened by Machines. A Once ›Stupid‹ Concern Gains Respect«, in: *New York Times*, 7. Juni 2016; Kevin Roose, »His 2020 Campaign Message: The Robots Are Coming«, in: *New York Times*, 12. Februar 2018; Andrew Yang, *The War on Normal People. The Truth about America's Disappearing Jobs and Why Universal Basic Income Is Our Future*, London: Hachette 2018; Andy Stern, *Raising the Floor. How a Universal Basic Income Can Renew Our Economy and Rebuild the American Dream*, New York: Public Affairs 2016.

11 Nick Srnicek/Alex Williams, *Die Zukunft erfinden. Postkapitalismus und eine Welt ohne Arbeit*, übers. v. Thomas Atzert, Berlin: Edition Tiamat 2016, S. 181.

12 Peter Frase, *Four Futures. Life after Capitalism*, London/New York: Verso 2016; Manu Saadia, *Trekonomics. The Economics of Star Trek*, Oakland: Inkshares 2016.

13 Srnicek/Williams, *Die Zukunft erfinden*, S. 210.

14 Aaron Bastani, *Fully Automated Luxury Communism. A Manifesto*, London/New York: Verso 2019.

15 Martin Ford meint, die Pandemie werde »Verbraucherpräferenzen verändern und wirklich neue Möglichkeiten für Automatisierung eröffnen« (zit. n. Zoe Thomas, »Coronavirus: Will Covid-19 speed

up the use of robots to replace human workers?«, *BBC News*, 19. April 2020, online verfügbar unter: {https://www.bbc.com/news/technology-52340651} [Stand Juli 2021]). Vgl. auch Michael Corkery/David Gelles, »Robots Welcome to Take Over, as Pandemic Accelerates Automation«, in: *New York Times*, 20. April 2020; Carl Benedikt Frey, »Covid-19 will only increase automation anxiety«, in: *Financial Times*, 21. April 2020. – Einwände gegen diese These formuliert Matt Simon, »If Robots Steal So Many Jobs, Why Aren't They Saving Us Now?«, in: *Wired Magazine*, 23. März 2020, online verfügbar unter: {https://www.wired.com/story/robot-jobs-coronavirus} (Stand Juli 2021).

16 Kurt Vonnegut, *Das höllische System* [1952], übers. v. Wulf Bergner, München: Goldmann 1988, S. 81.

17 Carl Frey und Michael Osborne veröffentlichten ihre Studie zunächst 2013 im Internet als Oxford Martin Working Paper, später erschien sie als »The Future of Employment. How Susceptible Are Jobs to Computerization?«, in: *Technological Forecasting and Social Change* 114 (Januar 2017); Ljubica Nedelkoska/Glenda Quintini, »Automation, Skills Use, and Training«, OECD Social, Employment, and Migration Working Papers, Nr. 202 (2018), online verfügbar unter: {https://www.oecd-ilibrary.org/employment/automation-skills-use-and-training_2e2f4eea-en} (Stand Juli 2021).

18 Zit. n. Jerry Kaplan, »Don't Fear the Robots«, in: *Wall Street Journal*, 21. Juli 2017. Vgl. auch Robert Atkinson/John Wu, »False Alarmism. Technological Disruption and the US Labor Market, 1850-2015«, Information Technology and Innovation Foundation (2017), online verfügbar unter: {https://itif.org/publications/2017/05/08/false-alarmism-technological-disruption-and-us-labor-market-1850-2015} (Stand Juli 2021).

19 Wassily Leontief, »Technological Advance, Economic Growth, and the Distribution of Income«, in: *Population and Development Review* 9/3 (1983), S. 404.

20 Ähnlich reagierte Keynes auf seine Entdeckung, dass kapitalistische Ökonomien über keinen Mechanismus verfügen, der automatisch Vollbeschäftigung herstellt. Vgl. seinen Aufsatz »Wirtschaftliche Möglichkeiten für unsere Enkelkinder« [1930], in: Norbert Reuter (Hg.), *Wachstumseuphorie und Verteilungsrealität. Wirtschaftspolitische Leitbilder zwischen gestern und morgen*, Marburg: Metropolis 2007, S. 135-147; William Beveridge, *Full Emplomyent in a Free Society*, London: George Allen & Unwin 1944, insbes. S. 21-23.

21 Karl Marx, *Das Kapital*, Bd. 1 [1867], *Marx-Engels-Werke*, Bd. 23, Berlin: Dietz 1988, S. 391-407.

22 Amy Sue Bix, *Inventing Ourselves out of Jobs. America's Debate over Technological Unemployment, 1929-1981*, Baltimore: Johns Hopkins University Press 2000, S. 305-307. Vgl. auch Jason Smith, »Nowhere to Go. Automation, Then and Now«, in: *Brooklyn Rail* (März/April 2017), online verfügbar unter: {https://brooklynrail.org/2017/03/field-notes/Nowhere-to-Go} (Stand Juli 2021).

23 In der modernen Geschichte sind auch zwei unheilvollere Theorien über die anhaltend schwache Nachfrage nach Arbeitskraft wiederholt aufgetaucht: Eine Erklärung für sie wurde zum einen in der malthusianisch gedeuteten Dynamik des Bevölkerungswachstums gesucht, zum anderen mit fadenscheinigen Belegen in einer angeblichen Manipulation der Geldzufuhr durch jüdische Bankiers. Vgl. Ian Angus/Simon Butler, *Too Many People? Population, Immigration, and the Environmental Crisis*, Chicago: Haymarket Books 2011; Mark Loeffler, »Das ›Finanzkapital‹. Diskurse in Deutschland und England zur Jahrhundertwende«, in: Nicolas Berg (Hg.), *Kapitalismusdebatten um 1900. Über antisemitisierende Semantiken des Jüdischen*, Leipzig: Leipziger Universitätsverlag 2011, S. 114-139. Allgemein zu Arbeit und Antisemitismus: Moishe Postone, »Antisemitismus und Nationalsozialismus«, in: ders., *Deutschland, die Linke und der Holocaust. Politische Interventionen*, übers. v. Christine Achinger u. a., Freiburg: Ça ira 2005, S. 165-194.

24 Vgl. etwa Jeanna Smialek/Keith Collins, »How the Fed Lost Its Faith in ›Full Employment‹«, in: *New York Times*, 12. Dezember 2019. – Innerhalb der Federal Reserve erklären R. Jason Faberman u. a., die Erwerbslosenquote habe seit der Krise von 2008 »nur einen Bruchteil der [...] Flaute auf dem Arbeitsmarkt« erfasst, da es Arbeitskräfte gebe, die die Jobsuche eingestellt hätten oder unterbeschäftigt seien (hinsichtlich ihrer Arbeitszeit oder gemessen an dem Einkommen, das sie potenziell erzielen könnten). Vgl. »The Shadow Margins of Labor Market Slack«, NBER Working Paper Nr. 26852 (März 2020), online verfügbar unter: {https://www.nber.org/papers/w26852} (Stand Juli 2021). Die Corona-Rezession hat viele dieser Debatten natürlich hinfällig gemacht.

25 Aaron Benanav, »Crisis and Recovery«, in: *Phenomenal World*, 3. April 2020, online verfügbar unter: {https://phenomenalworld.org/analysis/crisis-and-recovery} (Stand Juli 2021).

26 Globale Erhebungen der Lohnquote schließen Einkommen aus selbstständiger Arbeit mit ein, da in ärmeren Ländern viele Menschen Selbstständige oder unbezahlte »mithelfende Familienangehörige« sind.

27 Vgl. Josh Bivens/Lawrence Mishel, »Understanding the Historic Divergence between Productivity and a Typical Worker's Pay«, EPI Briefing Paper Nr. 406 (September 2015), online verfügbar unter: {https://www.epi.org/publication/understanding-the-historic-divergence-between-productivity-and-a-typical-workers-pay-why-it-matters-and-why-its-real} (Stand Juli 2021); Paolo Pasimeni, »The Relation between Productivity and Compensation in Europe«, European Commission Discussion Paper 79 (März 2018), online verfügbar unter: {https://ec.europa.eu/info/publications/economy-finance/relation-between-productivity-and-compensation-europe_en} (Stand Juli 2021).

28 Vgl. Kathleen Thelen, *Varieties of Liberalization and the New Politics of Social Solidarity*, Cambridge: Cambridge University Press 2014.

29 Vgl. David Autor, »Paradox of Abundance. Automation Anxiety Returns«, in: Subramanian Rangan (Hg.), *Performance and Progress. Essays on Capitalism, Business, and Society*, Oxford: Oxford University Press 2015, S. 257; Robert J. Gordon, *Rise and Fall of American Growth*, Princeton: Princeton University Press 2016, S. 604.

30 Vgl. Fredric Jameson, *Archaeologies of the Future. The Desire Called Utopia and Other Science Fictions*, London/New York: Verso 2005.

31 James Boggs, »Manifesto for a Black Revolutionary Party«, in: Stephen M. Ward (Hg.), *Pages from a Black Radical's Notebook. A James Boggs Reader*, Detroit: Wayne State University Press 2011, S. 219.

2. Globale Deindustrialisierung

1 Die Zahlen stützen sich auf einen Bericht, der auch Schätzungen für 2019 umfasst: ILO, »Key Indicators of the Labour Market, Ninth Edition (2015)«, online verfügbar unter: {https://www.ilo.org/global/statistics-and-databases/research-and-databases/kilm/lang--en/index.htm} (Stand Juli 2021). – Viele dieser Dienstleistungs-

arbeiter in der globalen Ökonomie sind informell beschäftigt; sie sortieren zum Beispiel Müll oder verkaufen als Straßenhändler Essen – Jobs, deren Abschaffung etwa durch Supermärkte, Kaufhäuser und Kühlwagen bereits auf dem technologischen Niveau des 20. Jahrhunderts möglich gewesen wäre.

2 Nick Dyer-Witheford, *Cyber-Proletariat. Global Labour in the Digital Vortex*, London: Pluto Press 2015, S. 184. – Standardisierte geistige Tätigkeiten, selbst hochqualifizierte, lassen sich offenbar leichter automatisieren als nicht standardisierte Handarbeit; sie erfordert mehr Geschicklichkeit, als Maschinen gegenwärtig besitzen. Brynjolfsson/McAfee, *Second Machine Age*, S. 27-29.

3 Eve Batey, »Is SF Facing a Robot Food Apocalypse?«, in: *Eater San Francisco*, 8. Januar 2020, online verfügbar unter: {https://sf.eater.com/2020/1/8/21056918/sf-robot-food-apocalypse} (Stand Juli 2021). Vgl. auch Tim Carman, »This Automated Restaurant Was Supposed to Be the Future of Dining. Until Humanity Struck Back«, in: *Washington Post*, 24. Oktober 2017.

4 Vgl. etwa Brynjolfsson/McAfee, *The Second Machine Age*, S. 42-44; Ford, *Aufstieg der Roboter*, S. 20-40.

5 Autor, »Why Are There Still So Many Jobs?«, S. 23.

6 Eileen Appelbaum/Ronald Schettkat, »Employment and Productivity in Industrialized Economies«, in: *International Labour Review* 134/4-5 (1995), S. 607-609.

7 Sofern nicht anders vermerkt, stammen die noch folgenden statistischen Angaben in diesem Abschnitt aus: Conference Board, »International Comparisons of Manufacturing Productivity and Unit Labour Cost« (letzte Aktualisierung Januar 2020), online verfügbar unter: {https://www.conference-board.org/ilcprogram/index.cfm?id=42672}, und »Total Economy Database« (letzte Aktualisierung April 2019), online verfügbar unter: {https://conference-board.org/data/economydatabase/total-economy-database-productivity} (Stand Juli 2021).

8 Fionna Tregenna, »Characterizing Deindustrialization. An Analysis of Changes in Manufacturing Employment and Output Internationally«, in: *Cambridge Journal of Economics* 33/3 (2009), S. 433.

9 Das verarbeitende oder herstellende Gewerbe, hier auch Fertigung genannt, ist nur ein Teil des industriellen Sektors, zu dem in der Regel auch Bau, Bergbau und Versorgungsunternehmen wie Elektrizitätswerke gerechnet werden. Auch er hat insgesamt einen sin-

kenden Beschäftigungsanteil verzeichnet, vor allem – aber nicht nur – aufgrund des Stellenabbaus im verarbeitenden Gewerbe.

10 Ein häufig zitiertes Beispiel aus der wissenschaftlichen Literatur: Robert Rowthorn/Ramana Ramaswamy, »Deindustrialization. Causes and Implications«, IMF Working Paper 97/42 (1997), online verfügbar unter: {https://papers.ssrn.com/sol3/papers.cfm?abstract_id=882291} (Stand Juli 2021). Ein Beispiel aus der Presse: Eduardo Porter, »Is the Populist Revolt Over? Not if Robots Have Their Way«, in: *New York Times*, 30. Januar 2018.

11 Zit. n. Brynjolfsson/McAfee, *The Second Machine Age*, S. 125.

12 Ebd., S. 57-60.

13 Vgl. Martin Neil Baily/Barry P. Bosworth, »US Manufacturing. Understanding Its Past and Its Potential Future«, in: *Journal of Economic Perspectives* 28/1 (2014); Daron Acemoglu u. a., »Return of the Solow Paradox? IT, Productivity, and Employment in US Manufacturing«, in: *American Economic Review* 104/5 (2014); Susan Houseman, »Understanding the Decline of US Manufacturing Employment«, Upjohn Institute Working Paper Nr. 18-287 (2018), online verfügbar unter: {https://research.upjohn.org/cgi/viewcontent.cgi?article=1054&context=presentations} (Stand Juli 2021).

14 Baily/Bosworth, »US Manufacturing«, S. 9. – Computer und Elektronik machen 10 bis 15 Prozent des amerikanischen Industrieoutputs aus.

15 Daniel Michaels, »Foreign Robots Invade American Factory Floors«, in: *Wall Street Journal*, 26. März 2017.

16 Zu den Ländern mit den meisten Industrierobotern pro 1000 Beschäftigte im herstellenden Gewerbe zählten im Jahr 2016 Südkorea (63), Singapur (49), Deutschland (31) und Japan (30) im Gegensatz zu den Vereinigten Staaten (19) und China (7). International Federation of Robotics, »Robot Density Rises Globally«, IFR Press Releases, 7. Februar 2018, online verfügbar unter: {https://ifr.org/ifr-press-releases/news/robot-density-rises-globally} (Stand Juli 2021).

17 In der Wirtschaftsrechnung bezeichnet die Wertschöpfung gewöhnlich das erzielte Einkommen (Löhne und Gewinne), das verbleibt, nachdem die Kosten für Vorleistungen vom Umsatz abgezogen wurden.

18 Da diese Gleichung nach der Definition von Arbeitsproduktivität (O/B) zwangsläufig richtig ist, kann mit ihr wohlgemerkt keine Kausalität begründet werden.

19 Dabei ist zu bedenken, dass der Stellenabbau in Frankreich etwas stärker ausgefallen ist als in anderen europäischen Ländern.

20 José Gabriel Palma, »Four Sources of ›Deindustrialization‹ and a New Concept of the ›Dutch Disease‹«, in: José Antonio Ocampo (Hg.), *Beyond Reforms. Structural Dynamics and Macroeconomic Vulnerability*, Stanford: Stanford University Press 2005, S. 79-81. Vgl. auch Rowthorn/Ramaswamy, »Deindustrialization«, S. 6, sowie Dani Rodrik, »Premature Deindustrialization«, in: *Journal of Economic Growth* 21/1 (2016), S. 7.

21 Rowthorn/Ramaswamy, »Deindustrialization«, S. 20. Vgl. auch Robert Rowthorn/Ken Coutts, »De-industrialisation and the Balance of Payments in Advanced Economies«, in: *Cambridge Journal of Economics* 28/5 (2004). Rowthorn und seine Koautoren erklärten die Deindustrialisierung zunächst primär mit dem unterschiedlichen Produktivitätswachstum im herstellenden Gewerbe und im Dienstleistungssektor, gingen dann aber zu einer Theorie allmählicher Veränderungen in der Struktur der Nachfrage über, um sowohl die frühere Phase der Industrialisierung als auch den Zeitpunkt der Wende zur Deindustrialisierung zu erklären.

22 In Brasilien zum Beispiel setzte die Deindustrialisierung – gemessen am Anteil des verarbeitenden Gewerbes an der Gesamtbeschäftigung – 1986 ein, als sein Pro-Kopf-BIP bei 12 100 Dollar lag (kaufkraftbereinigt im Wert des Dollars von 2017 ausgedrückt); das war kaum mehr als die Hälfte des Pro-Kopf-BIP in Frankreich, als dessen Deindustrialisierung 1973 begann. In Südafrika, Indonesien und Ägypten setzte der Prozess bei einem noch niedrigeren Einkommensniveau ein. Vgl. Sukti Dasgupta/Ajit Singh, »Manufacturing, Services, and Premature Deindustrialization in Developing Countries. A Kaldorian Analysis«, in: George Mavrotas/Anthony Shorrocks (Hg.), *Advancing Development. Studies in Development Economics and Policy*, Basingstoke: Palgrave Macmillan 2007; Tregenna, »Characterizing Deindustrialization«.

23 Fiona Treganna beschreibt diesen Prozess als »Deindustrialisierung vor der Industrialisierung«: »Deindustrialization, Structural Change, and Sustainable Economic Growth«, UNIDO/UNU-MERIT Background Paper 32 (2015), online verfügbar unter: {https://www.unido.org/api/opentext/documents/download/9928040/unido-file-9928040} (Stand Juli 2021).

24 United Nations Industrial Development Organization (UNIDO), »Industrial Development Report 2018« (2017), S. 166, online ver-

fügbar unter: {https://sustainabledevelopment.un.org/content/documents/2537IDR2018_FULL_REPORT_1.pdf} (Stand Juli 2021). – In dem Vierteljahrhundert von 1991 bis 2016 sank die globale industrielle Beschäftigungsquote laut der UNIDO von 14,4 auf 11,1 Prozent. Andere Quellen beziffern sie für die Mitte der zweiten Dekade des 21. Jahrhunderts eher mit 17 Prozent. Die Zahlen der UNIDO fallen offenbar deshalb niedriger aus, weil sie für die Industriebeschäftigung in China strengere Kriterien anlegt.

25 Aufgrund der wirtschaftlichen Umstrukturierung ging die Beschäftigung in chinesischen Staatsbetrieben von 1993 bis 2004 um 40 Prozent zurück: Barry Naughton, *The Chinese Economy. Transitions and Growth*, Cambridge (Massachusetts): MIT University Press 2007, S. 105.

26 World Trade Organization, »International Trade Statistics 2015«, online verfügbar unter: {https://www.wto.org/english/res_e/statis_e/its2015_e/its2015_e.pdf} (Stand Juli 2021). Die Daten in Tabelle A1 sind einzigartig, da sie bis in die fünfziger Jahre zurückreichen und Produktion und Exporte für Landwirtschaft, Bergbau, produzierendes Gewerbe und die Gesamtwirtschaft weltweit erfassen. Leider aktualisiert die WTO diese Daten seit 2015 nicht mehr.

27 Die Weltbank hat festgestellt, dass der Handel seit der globalen Finanzkrise »langsamer gewachsen ist – nicht nur weil das Wirtschaftswachstum mit weniger Handel einhergeht, sondern auch weil es selbst weltweit nachgelassen hat«. Mary Hallward-Driemeier/Gaurav Nayyar, *Trouble in the Making? The Future of Manufacturing-Led Development*, Washington: World Bank 2018, S. 81.

28 Diese Argumentation hat Robert Brenner in *The Economics of Global Turbulence* (London/New York: Verso 2006) und anderen Arbeiten entwickelt. Ich erweitere hier seine Deutung, um die Deindustrialisierung (gemessen am Beschäftigungsanteil) zu erklären. Vgl. auch die thematisch verwandte Literatur über den »logischen Fehlschluss«, mit dem aus dem Erfolg einzelner Exportländer eine allgemeine Strategie abgeleitet wird, z. B. Robert A. Blecker, »The Diminishing Returns to Export-Led Growth. A Paper from the Project on Development, Trade, and International Finance« (2000), online verfügbar unter: {https://cdn.cfr.org/sites/default/files/pdf/2005/08/Blecker_Diminish_Paper.pdf} (Stand Juli 2021).

29 Vgl. Barry Eichengreen, *The European Economy Since 1945*, Princeton: Princeton University Press 2007, S. 18.

30 Zur amerikanischen Neuorientierung im Zuge des Kalten Krieges:

ebd., S. 54-58; Brenner, *Economics of Global Turbulence*, S. 47-50; Yutaka Kosai, *The Era of High-Speed Growth*, Tokio: University of Tokyo Press 1986, S. 53-68; Herbert Giersch u.a. *The Fading Miracle. Four Decades of Market Economy in Germany*, Cambridge: Cambridge University Press 1992, S. 17-26.

31 Brenner, *Economics of Global Turbulence*, S. 67-93. – Auch Eichengreen beschreibt Europa nach dem Zweiten Weltkrieg als ein »klassisches Beispiel für exportgetriebenes Wachstum«: *European Economy*, S. 38; näher zur Rolle von Technologietransfer: S. 24-26; zur Bedeutung der Währungsabwertungen im Jahr 1949: S. 77-79, sowie Kosai, *High-Speed Growth*, S. 67f. Vgl. auch Nixon Apple, »The Rise and Fall of Full Employment Capitalism«, in: *Studies in Political Economy* 4/1 (1980).

32 Vgl. Brenner, *Economics of Global Turbulence*, S. 50f., 122-142. – Ob eine Region einen wirtschaftlichen Vorsprung erzielt oder zurückfällt, hängt seit den siebziger Jahren stark von der turbulenten Entwicklung der Wechselkurse ab: Der Wert des Dollar fiel von 1971 bis 1979, stieg von 1979 bis 1985, fiel erneut von 1985 bis 1995, stieg danach wieder usw. – und zog dabei jedes Mal die an ihn gebundenen Währungen mit nach oben und unten, was Folgen für die internationale Wettbewerbsfähigkeit der betreffenden Länder hatte. Aufgrund dieser Schwankungen können Weltmarkttrends nicht allein auf der Basis von Mustern analysiert werden, die in den USA vorherrschen – eine Tendenz, die in der Wirtschaftsliteratur noch immer sehr verbreitet ist.

33 Vgl. UNCTAD, »Trade and Development Report 2006«, S. 42-50, online verfügbar unter: {https://unctad.org/system/files/official-document/tdr2006ch6_en.pdf} (Stand Juli 2021); Kiminori Matsuyama, »Structural Change in an Interdependent World. A Global View of Manufacturing Decline«, in: *Journal of the European Economic Association* 7/2-3 (2009), S. 478-486.

34 Eine aufschlussreiche Zusammenfassung dieser Überlegungen bietet ein von Jeong Seong-jin geführtes Interview mit Robert Brenner: »Overproduction Not Financial Collapse is the Heart of the Crisis. The US, East Asia and the World«, in: *Asia-Pacific Journal* 7/6 (2009).

35 Vgl. Brenner, *Economics of Global Turbulence*, S. 108-114. Eine grafische Darstellung bietet UNIDO, »Industrial Development Report 2018«, S. 172. – Wichtig zu bedenken ist dabei, dass Unterschiede zwischen den Preistrends des verarbeitenden Gewerbes

und anderer Wirtschaftszweige sich bis zu einem gewissen Grad mit Baumols »Kostenkrankheit« erklären lassen.

36 Vgl. Rodrik, »Premature Deindustrialization«, S. 4.

37 Vgl. Brenner, *Economics of Global Turbulence*, S. 37-40. – Der Rückgang der Nachfrage nach Investitionsgütern dämpfte wiederum die Nachfrage insgesamt. Das Ergebnis bestand darin, dass sich das Phänomen aus einer bestimmten Perspektive betrachtet als zunehmende Überproduktion darstellte, aus einer anderen dagegen als zunehmende Unterinvestition und Nachfragelücke mit der Folge langsamer wachsender Märkte und verschärfter Konkurrenz.

38 Unabhängig davon, ob sie hochentwickelte Technologien einsetzen, müssen alle Unternehmen ihre Kapazitäten ständig aufrüsten. Vgl. See Sanjaya Lall, »The Technological Structure and Performance of Developing Country Manufactured Exports, 1985-98«, in: *Oxford Development Studies* 28/3 (2000), S. 337-369.

39 In ärmeren Ländern mit schnell wachsender Erwerbsbevölkerung fällt der Beschäftigungsrückgang im herstellenden Gewerbe meistens eher relativ als absolut aus: Obwohl mehr Menschen in der Industrie arbeiten, sinkt ihr Anteil an der Gesamtbeschäftigung.

40 Vgl. Gary Gereffi, »The Organization of Buyer-Driven Global Commodity Chains. How US Retailers Shape Overseas Production Networks«, in: ders./Miguel Korzeniewics (Hg.), *Commodity Chains and Global Capitalism*, Santa Barbara: Praeger 1994. Eine neuere Darstellung bietet William Milberg/Deborah Winkler, *Outsourcing Economics Global Value Chains in Capitalist Development*, Cambridge: Cambridge University Press 2013.

41 Brenner, *Economics of Global Turbulence*, S. 113.

42 Eine frühe Beschreibung dieses Prozesses stammt von G. K. Helleiner, »Manufacturing Exports from Less-Developed Countries and Multinational Firms«, in: *Economic Journal* 83/329 (1973), S. 28ff. Von 1966 bis 1980 stieg der Wert der Güter, die aus amerikanischen Komponenten bestanden, aber im Ausland montiert und dann in die USA reimportiert wurden, von 953 Millionen auf fast 14 Milliarden Dollar – ein Zuwachs um mehr als 1300 Prozent binnen fünfzehn Jahren. Vgl. US International Trade Commission, »Imports under Items 806.30 and 807.00 of the Tariff Schedules of the United States, 1984-87« (1988), online verfügbar unter: {https://babel.hathitrust.org/cgi/pt?id=uiug.30112105114307&view=1up&seq=1} (Stand Juli 2021).

43 Dyer-Witheford, *Cyber-Proletariat*, S. 71.

44 Vgl. Gary Herrigel, Manufacturing Possibilities. Creative Action and Industrial Recomposition in the United States, Germany, and Japan, Oxford: Oxford University Press 2010.

45 Zu Chinas *Rust Belt* im globalen Vergleich: Ching Kwan Lee, *Against the Law. Labour Struggles in China's Rustbelt and Sunbelt*, Berkeley: University of California Press 2007, insbes. S. 242-258.

46 Peter Goodman, »The Robots Are Coming and Sweden Is Fine«, in: *New York Times*, 27. Dezember 2017; Yuri Kageyama, »Reverence for Robots. Japanese Workers Treasure Automation«, in: *Associated Press News*, 16. August 2017, online verfügbar unter: {https://apnews.com/article/c42f629c34c14754adb71d9c244b98a7} (Stand Juli 2021). – Statistiken über die Roboterdichte finden sich in International Federation of Robotics, »Robot Density Rises Globally«.

47 Hallward-Driemeier/Nayyar, *Trouble in the Making?*, S. 97f.

3. Im Schatten der Stagnation

1 Sofern nicht anders vermerkt, handelt es sich bei den hier angeführten WVG- und BIP-Wachstumsraten um inflationsbereinigte und nicht um nominelle Werte. Die Angaben zum BIP-Wachstum und der Arbeitsproduktivität (reale Wertschöpfung pro Beschäftigtem) stützen sich auf Conference Board, »Total Economy Database« (letzte Aktualisierung November 2018), online verfügbar unter: {https://www.conference-board.org/data/economydatabase/total-economy-database-productivity} (Stand Juli 2021).

2 In Deutschland sind die Wachstumsraten beider Indikatoren seit 1973 gefallen, die WVG legt aber immer noch schneller zu als das BIP. In Italien ist die Wirtschaft unterdessen in eine völlige Stagnation eingetreten.

3 Vgl. William Baumol, »Macroeconomics of Unbalanced Growth. The Anatomy of Urban Crisis«, in: *American Economic Review* 57/3 (Juni 1967), S. 415-426; Rowthorn/Ramaswamy, »Deindustrialization«, S. 9-11; Rodrik, »Premature Deindustrialization«, S. 16.

4 Daten über den Kapitalstock stützen sich auf »Penn World Table 9.1« (letzte Aktualisierung September 2019) bei FRED, Federal Reserve Bank of St. Louis, online verfügbar unter: {https://alfred.stlouisfed.org/release?rid=285} (Stand Juli 2021).

5 Arbeitssparende Innovationen sind meistens in Kapitalgütern ver-

gegenständlicht oder erfordern zumindest ergänzende Investitionen in solche, um tatsächlich zum Einsatz zu kommen. Vgl. Joseph Schumpeter, *Konjunkturzyklen. Eine theoretische, historische und statistische Analyse des kapitalistischen Prozesses*, Bd. 1, übers. v. Klaus Dockhorn, Göttingen: Vandenhoeck und Ruprecht 1961, S. 101f.

6 Einige Ökonomen haben versucht, die wirtschaftlichen Stagnationstendenzen theoretisch zur wachsenden Ungleichheit ins Verhältnis zu setzen. Vgl. etwa Thomas Piketty, *Das Kapital im 21. Jahrhundert*, übers. v. Ilse Utz u. Stefan Lorenzer, München: Beck 2014; Gordon, *Rise and Fall of American Growth*; sowie die Essays zu Lawrence Summers' Hypothese in Coen Teulings/Richard Baldwin (Hg.), *Secular Stagnation. Facts, Causes, and Cures*, London: Centre for Economic Policy Research 2014.

7 Die erste Darstellung dieses Phänomens findet sich bei Nicholas Kaldor, *Causes of the Slow Rate of Economic Growth in the United Kingdom*, Cambridge: Cambridge University Press 1966. Ausführlich erörtert wird es auch von Hallward-Driemeier/Nayyar, *Trouble in the Making?*.

8 A.P. Thirlwall, »A Plain Man's Guide to Kaldor's Growth Laws«, in: *Journal of Post-Keynesian Economics* 5/3 (1983), S. 3-6. Zur These der technologischen Erschöpfung: Gordon, *Rise and Fall of American Growth*.

9 Adam Szirmai, »Industrialization as an Engine of Growth in Developing Countries, 1950-2005«, in: *Structural Change and Economic Dynamics* 23/4 (2012), S. 406-420. Vgl. auch Adam Szirmai/Bart Verspagen, »Manufacturing and Economic Growth in Developing Countries, 1950-2005«, in: *Structural Change and Economic Dynamics* 34 (September 2015), S. 46-59.

10 Robert Scott, »The Manufacturing Footprint and the Importance of US Manufacturing Jobs«, Economic Policy Institute Briefing Paper 388 (Januar 2015), online verfügbar unter: {https://www.epi.org/publication/the-manufacturing-footprint-and-the-importance-of-u-s-manufacturing-jobs} (Stand Juli 2021).

11 Angaben zum Bruttoproduktionswert stützen sich für die USA auf das United States Bureau of Economic Analysis, »Gross Output by Industry«, online verfügbar unter: {https://apps.bea.gov/iTable/iTable.cfm?reqid=150&step=2&isuri=1} (Stand Juli 2021), und für Japan auf Statistics Bureau of Japan, *Japan Statistical Yearbook 2020*, Tab. 3-5, Gross Domestic Product and Factor Income Classified by

Economic Activities (at Current Prices), S. 100, online verfügbar unter: {https://www.stat.go.jp/english/data/nenkan/69nenkan/index.html} (Stand Juli 2021).

12 Robert Brenner, »What's Good for Goldman Sachs Is Good for America« (Vorwort zur 2009 erschienenen spanischen Ausgabe von *Economics of Global Turbulence*), online verfügbar unter: {http://www.sscnet.ucla.edu/issr/cstch/papers/BrennerCrisisTodayOctober2009.pdf} (Stand Juli 2021). – Eine andere Deutung bietet Robert Skidelsky, *Die Rückkehr des Meisters. Keynes für das 21. Jahrhundert*, übers. v. Thomas Pfeiffer, München: Antje Kunstmann 2013.

13 Vgl. Robert Brenner, *Boom & Bubble. Die USA in der Weltwirtschaft*, übers. v. Frieder Otto Wolf, Hamburg: VSA 2002, S. 216-242.

14 Vgl. Rana Foroohar, »US Economy Is Dangerously Dependent on Wall Street Whims«, in: *Financial Times*, 8. März 2020.

15 Vgl. John Plender, »Why ›Japanification‹ Looms for the Sluggish Eurozone«, in: *Financial Times*, 19. März 2009. Vgl. auch Richard Koo, *The Holy Grail of Macroeconomics. Lessons from Japan's Great Recession*, Hoboken: Wiley, 2008.

16 Brenner, Economics of Global Turbulence, S. 153-157. Vgl. auch Herrigel, Manufacturing Possibilities.

17 Zur folgenden Analyse: Brenner, *Boom & Bubble*, S. 83-122.

18 Vgl. R. Taggart Murphy, *The Weight of the Yen*, New York: W.W. Norton 1996, S. 165-194; Herbert Giersch u.a., *The Fading Miracle. Four Decades of Market Economy in Germany*, Cambridge: Cambridge University Press 1992, S. 185-255; Brenner, *Boom & Bubble*, S. 94-127.

19 Murphy, *Weight of the Yen*, S. 195-218, 239-310; vgl. auch ders., *Japan and the Shackles of the Past*, Oxford: Oxford University Press, 2014; Perry Anderson, »Situationism à l'Enverse?«, in: *New Left Review* 119 (Neue Folge, September/Oktober 2019), S. 74-77.

20 Brenner, *Boom & Bubble*, S. 157-198.

21 Brenner, *Economics of Global Turbulence*, S. 153-157.

22 Auf Industriegüter entfallen 70 Prozent des Welthandels, auf Rohstoffe und Agrarerzeugnisse 25 Prozent und auf Dienstleistungen nur 5 Prozent. World Trade Organization, »World Trade Statistical Review 2018«, S. 11, online verfügbar unter: {https://www.wto.org/english/res_e/statis_e/wts2018_e/wts2018_e.pdf} (Stand Juli 2021). Zur Überproduktion in der Landwirtschaft: UN Food and

Agriculture Organization, »State of Food and Agriculture 2000«, online verfügbar unter: {http://www.fao.org/english/newsroom/highlights/2000/img/Sofafs-e.pdf} (Stand Juli 2021).

23 Von 2001 bis 2007 stiegen die globalen Wachstumsraten der WVG auf jährlich 3,5 Prozent und fielen dann von 2008 bis 2014 auf 1,6 Prozent. Zur These einer globalen Angleichung: Michael Spence, *The Next Convergence. The Future of Economic Growth in a Multispeed World*, New York: Farrar, Straus and Giroux 2011; Dani Rodrik, »The Future of Economic Convergence«, NBER Working Paper 17400 (2011), online verfügbar unter: {https://www.nber.org/papers/w17400} (Stand Juli 2021).

24 Conference Board, »Total Economy Database«, online verfügbar unter: {https://www.conference-board.org/data/economydatabase/total-economy-database-productivity} (Stand Februar 2021). Vgl. auch Richard Freeman, »The Great Doubling. The Challenge of the New Global Labour Market«, in: J. Edwards u. a. (Hg.), *Ending Poverty in America. How to Restore the American Dream*, New York: New Press 2007.

25 Mike Davis, *Planet der Slums*, übers. v. Ingrid Scherf, Berlin/Hamburg: Assoziation A 2007. Vgl. auch Aaron Benanav, »Demography and Dispossession. Explaining the Growth of the Global Informal Workforce, 1950-2000«, in: *Social Science History*, 43/4 (2019), S. 679-703.

26 In Großbritannien zum Beispiel wuchs das BIP von 1870 bis 1913 um durchschnittlich 1,9 Prozent und von 2001 bis 2017 um 1,6 Prozent im Jahr; in Frankreich waren es 1,6 bzw. 1,2 Prozent, in Deutschland 2,9 bzw. 1,4 Prozent. Vgl. Stephen Broadberry/Kevin O'Rourke, *The Cambridge Economic History of Modern Europe. Vol. 2: 1870 to the Present*, Cambridge: Cambridge University Press 2010, S. 36.

27 Im Jahr 1913 arbeiteten noch 47 Prozent der europäischen Bevölkerung in der Landwirtschaft. Ebd., S. 61.

28 Paul Bairoch, »International Industrialization Levels from 1750 to 1980«, in: *Journal of European Economic History* 11/2 (1982). Vgl. auch Jeffrey Williamson, *Trade and Poverty. When the Third World Fell Behind*, Cambridge (Massachusetts): MIT Press 2011.

29 Vgl. etwa Alexander Keyssar, *Out of Work. The First Century of Unemployment in Massachussetts*, Cambridge: Cambridge University Press 1986; Christian Topalov, *Naissance du chômeur, 1880-1919*, Paris: Albin Michel 1994.

30 Kristin Ross zieht eine eindrückliche Parallele zwischen den Erfahrungen der Arbeiter, die sich einerseits 2011 an der Occupy-Bewegung in Oakland und andererseits an der Pariser Kommune beteiligten: *Luxus für alle. Die politische Gedankenwelt der Pariser Kommune*, übers. v. Felix Kurz, Berlin: Matthes & Seitz Berlin 2021, S. 9f.

31 Óscar Jordá/Sanjay R. Singh/Alan M. Taylor, »Longer-run Economic Consequences of Pandemics«, NBER Working Paper 26934 (2020), online verfügbar unter: {https://www.nber.org/papers/w26934} (Stand Juli 2021).

32 Vgl. Joseph Schumpeter, *Kapitalismus, Sozialismus und Demokratie* [1942], übers. v. Susanne Preiswerk, Tübingen: Francke 1987, S. 134-142.

33 Stern, *Raising the Floor*, S. 7f. Vgl. auch Yang, *War on Normal People*, S. 94.

34 Vgl. etwa Ray Kurzweil, *Menschheit 2.0. Die Singularität naht*, übers. v. Martin Rötzschke, Berlin: Lola Books 2013, S. 68. Kritisch dazu: Gordon, *Rise and Fall of American Growth*, S. 444-447. Gordon behauptet, das Moore'sche Gesetz sei seit 2005 außer Kraft. Vgl. auch Tom Simonite, »Moore's Law is Dead. Now What?«, in: *MIT Technology Review*, 13. Mai 2016, online verfügbar unter: {https://www.technologyreview.com/2016/05/13/245938/moores-law-is-dead-now-what} (Stand Juli 2021).

35 Kritische Reflexionen von KI-Forschern, die überwiegend bezweifeln, dass diese Entwicklungsstufe auch nur absehbar wäre, versammelt Martin Ford, *Die Intelligenz der Maschinen. Mit Koryphäen der Künstlichen Intelligenz im Gespräch*, Frechen: MITP 2019.

36 James Vincent, »Former Facebook Exec Says Social Media Is Ripping Apart Society«, in: *Verge*, 11. Dezember 2017, online verfügbar unter: {https://www.theverge.com/2017/12/11/16761016/former-facebook-exec-ripping-apart-society} (Stand Juli 2021); Mattha Busby, »Social Media Copies Gambling Methods ›to Create Psychological Cravings‹«, in: *Guardian*, 8. Mai 2018.

37 Vgl. Raniero Panzieri, »Über die kapitalistische Anwendung der Maschinerie im Spätkapitalismus« [1961], in: Claudio Pozzoli (Hg.), *Spätkapitalismus und Klassenkampf. Eine Auswahl aus den »Quaderni Rossi«*, Frankfurt am Main: Europäische Verlagsanstalt 1972, S. 14-32; Derek Sayer, *The Violence of Abstraction*, Oxford: Basil Blackwell 1987.

38 Dyer-Witheford, *Cyber-Proletariat*, S. 87-93.

39 Die klassische Darstellung dieses Phänomens findet sich bei David Noble, *Forces of Production. A Social History of Industrial Automation*, New York: Knopf 1984. Vgl. auch Tony Smith, *Technology and Capital in the Age of Lean Production. A Marxian Critique of the »New Economy«*, Albany: SUNY Press 2000, sowie Gavin Mueller, *Breaking Things at Work. The Luddites Are Right about Why You Hate Your Job*, London/New York: Verso 2020.

40 Ceylan Yeginsu, »If Workers Slack Off, the Wristband Will Know. (And Amazon Has a Patent for It.)«, in: *New York Times*, 1. Februar 2018; Beth Gutelius/Nik Theodore, »The Future of Warehouse Work. Technological Change in the US Logistics Industry«, UC Berkeley Center for Labor Research and Education (Oktober 2019), online verfügbar unter: {https://laborcenter.berkeley.edu/pdf/2019/Future-of-Warehouse-Work.pdf} (Stand Juli 2021).

41 Hohe Schutzzölle gegen Importe trugen ebenfalls wesentlich dazu bei. Vgl. Niek Koning, *The Failure of Agrarian Capitalism. Agrarian Politics in the UK, Germany, the Netherlands, and the USA, 1846-1919*, London: Routledge 2002.

42 Vgl. UN Food and Agriculture Organization, »State of Food and Agriculture 2000«; Marcel Mazoyer/Laurence Roudart, *A History of World Agriculture. From the Neolithic Age to the Current Crisis*, New York: Monthly Review Press 2006, S. 375-440.

43 Statistische Angaben nach Groningen Growth and Development Centre, »10-Sector Database« (letzte Aktualisierung Januar 2015), online verfügbar unter: {https://www.rug.nl/ggdc/productivity/10-sector/?lang=en} (Stand Juli 2021); zum Beschäftigungsanteil der Landwirtschaft in den achtziger Jahren: David Grigg, »Agriculture in the World Economy. An Historical Geography of Decline«, in: *Geography* 77/3 (1992), S. 221; für 2018: ILO, »World Employment and Social Outlook – Trends 2019«, S. 14, online verfügbar unter: {https://www.ilo.org/global/research/global-reports/weso/2019/lang--en/index.htm} (Stand Juli 2021).

44 Ford, *Aufstieg der Roboter*, S. 218-230; Stern, *Raising the Floor*, S. 69f. Vgl. auch Conor Dougherty, »Self-Driving Trucks May Be Closer Than They Appear«, in: *New York Times*, 13. November 2017. Der stets skeptische Robert Gordon hat Zweifel an der Aufregung um solche Szenarien: *Rise and Fall of American Growth*, S. 599ff.

45 Der Bergbau beschäftigt weltweit zwar deutlich weniger Menschen, könnte aber als erste Branche auf breiter Front automatisiert wer-

den. Zu den Plänen des Konzerns Rio Tinto im Westen Australiens: William Wilkes, »How the World's Biggest Companies are Fine-Tuning the Robot Revolution«, in: *Business Standard*, 17. Mai 2018, online verfügbar unter: {https://www.business-standard.com/article/international/how-the-world-s-biggest-companies-are-fine-tuning-the-robot-revolution-118051700088_1.html} (Stand Juli 2021).

46 Ellen Israel Rosen, *Making Sweatshops. The Globalization of the US Apparel Industry*, Berkeley: University of California Press, 2002; Jefferson Cowie, *Capital Moves. RCA's Seventy-Year Quest for Cheap Labour*, New York: New Press 1999.

47 Phil Neel, »Swoosh«, in: *Ultra*, 8. November 2015, online verfügbar unter: {http://www.ultra-com.org/project/swoosh/} (Stand Juli 2021); Anna Nicolaou/Kiran Stacey, »Stitched Up By Robots«, in: *Financial Times*, 19. Juli 2017; Jennifer Bissell-Linsk, »Robotics in the Running«, in: *Financial Times*, 23. Oktober 2017; Jon Emont, »The Robots Are Coming for Garment Workers. That's Good for the US, Bad for Poor Countries«, in: *Wall Street Journal*, 16. Februar 2018; Kevin Sneader/Jonathan Woetzel, »China's Impending Robot Revolution«, in: *Wall Street Journal*, 3. August 2016; Saheli Roy Choudhury, »China Wants to Build Robots to Overtake Its Rivals – But It's Not There Yet«, *CNBC*, 16. August 2018, online verfügbar unter: {https://www.cnbc.com/2018/08/17/china-wants-to-build-robots-to-overtake-its-rivals-its-not-there-yet.html} (Stand Juli 2021); Brahima Coulibaly, »Africa's Race against the Machines«, Brookings Institution, 16. Juni 2017, online verfügbar unter: {https://www.brookings.edu/opinions/africas-race-against-the-machines/} (Stand Juli 2021); AFP, »Tech to Cost Southeast Asia Millions of Jobs, Doom ›Factory Model‹ Warns WEF«, 12. September 2018, online verfügbar unter: {https://technology.inquirer.net/79274/tech-cost-southeast-asia-millions-jobs-doom-factory-model-warns-wef} (Stand Juli 2021).

48 Hallward-Driemeier/Nayyar, *Trouble in the Making?*, S. 93-96. – Auch die globale Beschäftigung in der IT- und der Call-Center-Branche scheint zu sinken, da Aufbau und Pflege eigener Websites und Online-Datenbanken angesichts von Cloud Computing für Firmen nicht mehr nötig sind; große indische IT-Unternehmen streichen bereits Stellen. Vgl. Simon Mundy, »India's Tech Workers Scramble for Jobs as Industry Automates«, in: *Financial Times*, 27. Mai 2017.

49 Nathaniel Meyersohn, »Grocery Stores Turn to Robots during the Coronavirus«, *CNN Business*, 7. April 2020, online verfügbar unter: {https://edition.cnn.com/2020/04/07/business/grocery-stores-robots-automation/index.html} (Stand Juli 2021). Vgl. auch John Reed/Mercedes Ruehl/Benjamin Parkin, »Coronavirus: Will Call Centre Workers Lose their ›Voice‹ to AI?«, in: *Financial Times*, 22. April 2020.

4. Schwache Nachfrage nach Arbeitskraft

1 Leontief, »Technological Advance«, S. 409; Brynjolfsson/McAfee, *The Second Machine Age*, S. 179. – Dyer-Witheford spricht von einem »immer größeren Pool von Arbeitslosen, die das digitale Kapital nicht mehr braucht« (*Cyber-Proletariat*, S. 3), Yang von einer »wachsenden Masse dauerhaft verdrängter Menschen« (*War on Normal People*, S. xli).

2 Für den Science-Fiction-Schriftsteller Arthur C. Clarke »ist das Ziel der Zukunft Vollbeschäftigungslosigkeit, damit wir spielen können. Deshalb müssen wir das gegenwärtige politisch-ökonomische System zerstören.« »Free Press Interview: A.C. Clarke«, in: *Los Angeles Free Press*, 25. April 1969. Vgl. auch Brynjolfsson/McAfee, *Second Machine Age*, S. 180f.; Ford, *Aufstieg der Roboter*, S. 232-235.

3 Dass sich der Zustand des Arbeitsmarktes nur begrenzt an der Erwerbslosigkeit ablesen lässt, zeigt David Blanchflower, *Not Working. Where Have All the Good Jobs Gone?*, Princeton: Princeton University Press 2019. Zur Entstehung von Arbeitslosigkeit als ökonomischer Kategorie: Michael Piore, »Historical Perspectives and the Interpretation of Unemployment«, in: *Journal of Economic Literature* 25/4 (1987).

4 Yang, *War on Normal People*, S. 80. Laura Tyson, »Labour Markets in the Age of Automation«, in: *Ejinsight*, 9. Juni 2017, online verfügbar unter: {https://www.ejinsight.com/eji/article/id/1581914/20170609-labor-markets-in-the-age-of-automation} (Stand Juli 2021).

5 Zur Anpassung unterschiedlich verfasster Sozialstaaten an die Rückkehr hoher Arbeitslosigkeit: Gøsta Esping-Andersen, *Social Foundations of Postindustrial Economies*, Oxford: Oxford University Press 1999; Kathleen Thelen, *Varieties of Liberalization and*

the New Politics of Social Solidarity, Cambridge: Cambridge University Press 2014; Lucio Baccaro/Chris Howell, *Trajectories of Neoliberal Transformation. European Industrial Relations since the 1970s*, Cambridge: Cambridge University Press 2017. Vgl. auch J. Timo Weishaupt, *From the Manpower Revolution to the Activation Paradigm. Explaining Institutional Continuity and Change in an Integrating Europe*, Amsterdam: University of Amsterdam Press 2011.

6 Zu den Ausnahmen von diesem Trend zählen Frankreich, Spanien, Österreich und Italien, die weiterhin viel Geld für Arbeitslosenunterstützung ausgeben und eine höhere durchschnittliche Erwerbslosenquote verzeichnen.

7 OECD, »Measuring the Digital Transformation. A Roadmap for the Future« (2019), S. 175, online verfügbar unter: {http://www.oecd.org/publications/measuring-the-digital-transformation-9789264311992-en.htm} (Stand Juli 2021). – Schweden hatte bereits zu einem früheren Zeitpunkt in der Nachkriegsära eine aktivierende Arbeitsmarktpolitik verfolgt; in späteren Dekaden folgten andere Länder seinem Beispiel.

8 Marx, *Das Kapital*, Bd. 1, S. 657, 672, 674. – Eine ausführliche Analyse, wie Marx' Begriff der relativen Überschussbevölkerung auf die Gegenwart angewendet werden kann, bieten Aaron Benanav/John Clegg, »Crisis and Immiseration. Critical Theory Today«, in: Beverley Best/Werner Bonefeld/Chris O'Kane (Hg.), *The SAGE Handbook of Frankfurt School Critical Theory*, Los Angeles u. a.: Sage 2018, S. 1629-1648; Endnotes, »Elend und Schulden. Zur Logik und Geschichte von Überschussbevölkerungen und überschüssigem Kapital«, in: *Kosmoprolet* 4 (2015), S. 60-84, online verfügbar unter: {https://kosmoprolet.org/elend-und-schulden-zur-logik-und-geschichte-von-ueberschussbevoelkerungen-und-ueberschuessigem} (Stand Juli 2021); Endnotes, »An Identical-Abject Subject«, in: *Endnotes* 4 (2015), online verfügbar unter: {https://endnotes.org.uk/issues/4/en/endnotes-an-identical-abject-subject} (Stand Juli 2021).

9 Eine diesbezügliche vergleichende Analyse von Institutionen in entwickelten kapitalistischen Ländern unternimmt Arne Kalleberg, *Precarious Lives. Job Insecurity and Well-Being in Rich Democracies*, Cambridge: Polity Press 2018.

10 Bivens/Mishel, »Understanding the Historic Divergence between Productivity and a Typical Worker's Pay«.

11 Vgl. Paul Beaudry u. a., »The Great Reversal in the Demand for Skill and Cognitive Tasks«, NBER Working Paper 18901 (2013), online verfügbar unter: {https://www.nber.org/papers/w18901} (Stand Juli 2021); Elise Gould, »Higher Returns on Education Can't Explain Growing Wage Inequality«, Working Politics Blog, Economics Policy Institute, 15. März 2019, online verfügbar unter: {https://www.epi.org/blog/higher-returns-on-education-cant-explain-growing-wage-inequality/} (Stand Juli 2021); Lawrence Mishel/Elise Gould/Josh Bivens, »Wage Stagnation in Nine Charts«, EPI Report, 6. Januar 2015, online verfügbar unter: {https://www.epi.org/publication/charting-wage-stagnation} (Stand Juli 2021). – Eine ausführliche Kritik an Versuchen, die wachsende ökonomische Ungleichheit mit einem technologischen Wandel zu erklären, der bestimmte Qualifikationen besonders betreffe, bietet John Schmitt/Heidi Shierholz/Lawrence Mishel, »Don't Blame the Robots. Assessing the Job Polarization Explanation of Growing Wage Inequality«, EPI–CEPR Working Paper (2013), online verfügbar unter: {https://www.epi.org/publication/technology-inequality-dont-blame-the-robots} (Stand Juli 2021).

12 Eine Analyse des rechtlichen Kontextes neuerer technologischer Entwicklungen, die auch die Deutung der Automatisierungstheoretiker in Zweifel zieht, findet sich in Brishen Rogers, »The Law and Political Economy of Workplace Technological Change«, in: *Harvard Civil Rights-Civil Liberties Law Review* 55 (2020). Vgl. auch Nick Srnicek, *Plattform-Kapitalismus*, übers. v. Ursel Schäfer, Hamburg: Hamburger Edition 2018.

13 Bureau of Labor Statistics, »Contingent and Alternative Employment Relations« (Mai 2017), online verfügbar unter: {https://www.bls.gov/news.release/conemp.toc.htm} (Stand Juli 2021).

14 Wichtige Ausnahmen stellen dabei Schweden und in der frühen Nachkriegszeit Großbritannien dar, deren Arbeitsmarktinstitutionen von sozialdemokratischen Regierungen entworfen wurden. Vgl. Gøsta Esping-Andersen, *The Three Worlds of Welfare Capitalism*, Princeton: Princeton University Press 1990.

15 OECD, »Indicators of Employment Protection« (letzte Aktualisierung 2014), online verfügbar unter: {http://www.oecd.org/employment/emp/oecdindicatorsofemploymentprotection.htm} (Stand Juli 2021). Diese Daten geben Aufschluss darüber, mit welchen Verfahrensweisen und Kosten Entlassungen vonstattengehen.

16 Esping-Andersen, *Social Foundations*, S. 107-111. Zur Entwick-

lung von Einschluss und Ausschluss in europäischen Sozialstaaten: Patrick Emmenegger u. a., *The Age of Dualization. The Changing Face of Inequality in Deindustrializing Societies*, Oxford: Oxford University Press 2012.

17 Wie sich die Arbeitsmarktsituation in Deutschland verschlechtert hat, analysiert Oliver Nachtwey, *Die Abstiegsgesellschaft. Über das Aufbegehren in der regressiven Moderne*, Berlin: Suhrkamp 2016, insbes. S. 119-180.

18 ILO, »Non-Standard Employment around the World, 2016«, online verfügbar unter: {http://www.ilo.org/global/publications/books/WCMS_534326/lang--en/index.htm} (Stand Juli 2021). Vgl. auch Paolo Barbieri/Giorgio Cutuli, »Employment Protection Legislation, Labour Market Dualism, and Inequality in Europe«, in: *European Sociological Review* 32/4 (2016), S. 501-516.

19 Brett Neilson/Ned Rossiter, »Precarity as a Political Concept, or, Fordism as Exception«, in: *Theory, Culture, and Society* 25/7-8 (2008).

20 Bruno Palier/Kathleen Thelen, »Institutionalizing Dualism. Complementarities and Change in France and Germany«, in: *Politics and Society* 38/1 (2010); David Rueda, »Dualization, Crisis, and the Welfare State«, in: *Socio-Economic Review* 12/2 (2014).

21 OECD, »In It Together. Why Less Inequality Benefits All« (2015), S. 144, online verfügbar unter: {http://www.oecd.org/social/in-it-together-why-less-inequality-benefits-all-9789264235120-en.htm} (Stand Juli 2021). Vgl. auch Shiho Futagami, »Non-Standard Employment in Japan. Gender Dimensions«, International Institute for Labour Studies Discussion Paper DP/200/2010, 2010, S. 29, online verfügbar unter: {http://www.ilo.org/public/libdoc/ilo/2010/110B09_220_engl.pdf} (Stand Juli 2021), und Kalleberg, *Precarious Lives*, S. 73-107.

22 OECD, »Economic Outlook« (November 2018), S. 54, online verfügbar unter: {https://www.oecd-ilibrary.org/economics/oecd-economic-outlook-volume-2018-issue-2_eco_outlook-v2018-2-en} (Stand Juli 2021).

23 Vgl. Aaron Benanav, »The Origins of Informality. The ILO at the Limit of the Concept of Unemployment«, in: *Journal of Global History* 14/1 (2019), S. 107-125.

24 Jacques Charmes, »The Informal Economy Worldwide. Trends and Characteristics«, in: *Margin. The Journal of Applied Economic Research* 6/2 (2012), S. 103-132. Vgl. auch Aaron Benanav, »Demo-

graphy and Dispossession. Explaining the Growth of the Global Informal Workforce, 1950-2000«, in: *Social Science History* 43/4 (2019).

25 Jan Breman/Marcel van der Linden, »Informalizing the Economy. The Return of the Social Question at a Global Level«, in: *Development and Change* 45/5 (2014).

26 Pun Ngai, *Migrant Labor in China. Post-socialist Transformations*, Cambridge: Polity Press 2016.

27 Im subsaharischen Afrika haben nur 3 Prozent der Arbeitskräfte einen Anspruch auf Arbeitslosenunterstützung – in Ländern mit hohem Durchschnittseinkommen sind es 76 Prozent: ILO, »World Employment Social Outlook. The Changing Nature of Jobs« (2015), S. 80, online verfügbar unter: {http://www.ilo.org/global/research/global-reports/weso/2015-changing-nature-of-jobs/lang--en/index.htm} (Stand Juli 2021).

28 Vgl. ILO, »Key Indicators«; ILO, »Men and Women and Men in the Informal Economy. A Statistical Picture« (2018), S. 23, online verfügbar unter: {https://www.ilo.org/global/publications/books/WCMS_626831/lang--en/index.htm} (Stand Juli 2021).

29 ILO, »World Employment Social Outlook«, S. 31.

30 Ronaldo Munck, »The Precariat. A View from the South«, in: *Third World Quarterly* 34/5 (2013).

31 Manche Automatisierungstheoretiker erkennen in der Unterbeschäftigung zwar ein Merkmal heutiger Volkswirtschaften, tun sich aber schwer damit, sie zu erklären, da sie auf die scheinbare Dynamik des technologischen Wandels fokussiert sind. Vgl. z.B. Stern, *Raising the Floor*, S. 185; Yang, *War on Normal People*, S. 79f.

32 Davon handelt der Film *In Time – Deine Zeit läuft ab* (2011; Buch und Regie: Andrew Niccol). Weitere Beispiele für solche Dystopien sind Alfonso Cuaróns *Children of Men* (2006), Neill Blomkamps *District 9* (2009) und *Elysium* (2013) sowie die brasilianische Fernsehserie *3%* (2016) von Pedro Aguilera.

33 ILO, »Key Indicators«. Ein beträchtlicher Teil dieser 17 Prozent ist informell in der Heimindustrie beschäftigt, etwa in der Herstellung von Ziegelsteinen, Zigaretten, Schlössern oder Schuhen in winzigen Werkstätten und Gießereien, die im eigenen Heim oder einem Hinterhof betrieben werden.

34 Laut den »Key Indicators« der ILO wurden Dienstleistungsbeschäftigte 2015 zur Mehrheit der globalen Erwerbsbevölkerung.

35 Daniel Bell, *Die nachindustrielle Gesellschaft*, übers. v. Siglinde

Summerer u. Gerda Kurz, Frankfurt am Main/New York: Campus 1975.

36 Vgl. William Baumol, »Macroeconomics of Unbalanced Growth. The Anatomy of Urban Crisis«, in: *American Economic Review* 57/3 (Juni 1967), S. 415-426, sowie Baumol u. a., *Productivity and American Leadership. The Long View*, Cambridge (Massachusetts): MIT Press 1989.

37 William Baumol u. a., »Unbalanced Growth Revisited. Asymptotic Stagnancy and New Evidence«, in: *American Economics Review* 75/4 (1985), S. 806.

38 Eine ähnliche Analyse findet sich bei Servaas Storm, »The New Normal. Demand, Secular Stagnation, and the Vanishing Middle Class«, in: *International Journal of Political Economy* 46 (2017), S. 169-210, auch wenn Storm den Stellenabbau in den dynamischen Sektoren der Wirtschaft auf Automatisierung und nicht auf globale Überkapazitäten zurückführt.

39 Jonathan Gershuny/I.D. Miles, *The New Service Economy*, Santa Barbara: Praeger 1983, S. 22. Vgl. auch Jonathan Gershuny, *Die Ökonomie der nachindustriellen Gesellschaft. Produktion und Verbrauch von Dienstleistungen*, übers. v. Christa-Maria Ridder-Aab, Frankfurt am Main/New York: Campus 1981, S. 68-72.

40 Vgl. Baumol u. a., »Unbalanced Growth Revisited«. – In bestimmten Dienstleistungszweigen, etwa im amerikanischen Handel und Transport, hat sich das Produktivitätswachstum seit dem Jahr 2000 beschleunigt. Die dort erzielten Innovationen vermochten jedoch nicht ein anhaltendes Produktivitätswachstum im gesamten Dienstleistungssektor zu erzeugen, wie es das produzierende Gewerbe in der langen Geschichte seiner industriellen Entwicklung kennzeichnete. Bereiche wie die Lagerhaltung sind in Baumols Worten zumeist »asymptotisch stagnierend« gewesen. Sie bestehen aus voneinander trennbaren Komponenten, von denen manche durch einen industriellen Prozess effizienter gestaltet werden können und andere nicht (etwa das Bestücken von Regalen und die Artikelentnahme in Lagern). Mit der Zeit werden die ersteren Aufgaben effektiver erledigt und letztere prägend für die Beschäftigung. Asymptotische Stagnation ist generell ein Kennzeichen von Dienstleistungen, zeigt sich aber auch in manchen arbeitsintensiven Industrien wie der Textilindustrie und der Elektromontage, die weltweit stark zur Beschäftigung im verarbeitenden Gewerbe beigetragen haben und nun von Automatisierung bedroht sind.

41 Baumol zufolge sind es in Wirklichkeit die fallenden Preise von Industrieerzeugnissen, die Dienstleistungen scheinbar verteuern. Die theoretische Erkenntnis, dass Veränderungen der Preisrelationen von unterschiedlichen Wachstumsraten der Produktivität bestimmt werden, stand am Anfang der Arbeitswerttheorie. Vgl. Adam Smith, *Untersuchungen über Wesen und Ursachen des Reichtums der Völker* [1776], übers. v. Monika Streissler, Tübingen: Mohr Siebeck 2005, S. 140f.

42 Eine ähnliche Erklärung findet sich in Torben Iversen/Anne Wren, »Equality, Employment, and Budgetary Restraint. The Trilemma of the Service Economy«, in: *World Politics* 50/4 (1998); vgl. auch Storm, »The New Normal«.

43 OECD, *Employment Outlook 1987*, Paris: OECD 1987, S. 10f.

44 David Autor/Anna Salomons, »Is Automation Labour-Displacing? Productivity Growth, Employment, and the Labour Share« (März 2018), Brookings Papers on Economic Activity, S. 2f., online verfügbar unter: {https://www.brookings.edu/bpea-articles/is-automation-labor-displacing-productivity-growth-employment-and-the-labor-share} (Stand Juli 2021).

45 ILO/OECD, »The Labour Share in the G20 Economies« (Februar 2015), Bericht für die G20-Arbeitsgruppe zu Beschäftigung, S. 3, online verfügbar unter: {https://www.oecd.org/g20/topics/employment-and-social-policy/The-Labour-Share-in-G20-Economies.pdf} (Stand Juli 2021). IWF, »World Economic Outlook« (April 2017), S. 3, online verfügbar unter: {https://www.imf.org/en/Publications/WEO/Issues/2019/08/30/World-Economic-Outlook-April-2017-Gaining-Momentum-44510} (Stand Juli 2021). Vgl. auch Loukas Karabarbounis/Brent Neiman, »The Global Decline of the Labour Share«, in: *Quarterly Journal of Economics* 129/1 (2014).

46 Andrew Sharpe/James Uguccioni, »Decomposing the Productivity-Wage Nexus in Selected OECD Countries, 1986-2013«, in: *International Productivity Monitor* Nr. 32 (2017), S. 31.

47 Piketty vergleicht das oberste Prozent der Vermögenserben mit Spitzenverdienern im Hinblick darauf, wie viele Hausangestellte sie sich leisten können (*Das Kapital im 21. Jahrhundert*, S. 540-544).

48 Ford, *Aufstieg der Roboter*, S. 261; Davis, *Planet der Slums*, S. 208.

49 Allerdings wurden die Einkommenszuwächse der ärmsten 50 Prozent zu einem gewissen Teil von den höheren Lebensunterhaltungskosten in den Städten verschlungen, die bekanntlich schwer

zu messen sind; der Verstädterungsgrad stieg im selben Zeitraum von 39 auf 54 Prozent.

50 Facundo Alvaredo u. a. (Hg.), *World Inequality Report 2018*, Cambridge (Massachusetts): Harvard University Press 2018, S. 52.

51 Vgl. die Analyse dieses globalen Phänomens in United Nations, »Human Development Report 2019. Beyond Income, beyond Averages, beyond Today. Inequalities in Human Development in the 21st Century«, online verfügbar unter: {http://hdr.undp.org/en/2019-report} (Stand Juli 2021).

52 Kalleberg, *Precarious Lives*, S. 130-149; Blanchflower, *Not Working*, S. 212-237.

53 OECD, *Employment Outlook 2019*, Paris: OECD 2019, S. 29, online verfügbar unter: {http://www.oecd.org/employment-outlook/2019/} (Stand Februar 2021).

54 Marcel van der Linden, »The Crisis of World Labor«, in: *Against the Current* Nr. 176 (Mai/June 2015), online verfügbar unter {https://againstthecurrent.org/atc176/p4424/} (Stand Juli 2021).

5. Vermeintliche Wundermittel

1 Solche Auffassungen vertritt nicht nur die Rechte. Vgl. Jamie Merchant, »Fantasies of Secession. A Critique of Left Economic Nationalism«, in: *Brooklyn Rail* (Februar 2018), online verfügbar unter: {https://brooklynrail.org/2018/02/field-notes/Fantasies-of-Secession-A-Critique-of-Left-Economic-Nationalism} (Stand Juli 2021).

2 Vgl. u. a. Darrell West, *The Future of Work. Robots, AI, and Automation*, Washington: Brookings Institution Press 2018, S. 139; Yang, *War on Normal People*, S. 150-161, 75-77; Porter, »Is the Populist Revolt Over?«; Ford, *Aufstieg der Roboter*, S. 298-302.

3 Daten zum Verhältnis von Staatsschulden und BIP nach IWF, »Historical Public Debt Database«, für den Zeitraum 1945-2015, online verfügbar unter: {https://data.imf.org/?sk=806ED027-520D-497F-9052-63EC199F5E63} (Stand Juli 2021), und nach IWF, »Global Debt Database, General Government Debt«, für die Jahre 2015 bis 2018, online verfügbar unter: {https://www.imf.org/en/Publications/WP/Issues/2018/05/14/Global-Debt-Database-Methodology-and-Sources-45838} (Stand Juli 2021).

4 Vgl. Andrew Glyn, »Social Democracy and Full Employment«, Wissenschaftszentrum Berlin für Sozialforschung Discussion Pa-

per Nr. FS I 95-302 (1995), S. 10, online verfügbar unter: {https://ideas.repec.org/p/zbw/wzbece/fsi95302.html} (Stand Juli 2021).

5 Brenner, »What's Good for Goldman Sachs Is Good for America«; Wolfgang Streeck, »Wie wird der Kapitalismus enden?«, in: *Blätter für deutsche und internationale Politik*, Heft 4 u. 5/2015.

6 Emre Tiftik u.a., »Global Debt Monitor. Sustainability Matters«, Institute of International Finance, 13. Januar 2020, zit. n. John Plender, »The Seeds of the Next Debt Crisis«, in: *Financial Times*, 3. März 2020.

7 Daten zum Wirtschaftswachstum nach World Bank, »World Development Indicators« (letzte Aktualisierung April 2020), online verfügbar unter: {https://databank.worldbank.org/reports.aspx?source=World-Development-Indicators} (Stand Juli 2021).

8 Dan McCrum, »Lex in Depth. The Case against Share Buybacks«, in: *Financial Times*, 29. Januar 2019.

9 Keynes, »Wirtschaftliche Möglichkeiten für unsere Enkelkinder«; ders., *Allgemeine Theorie der Beschäftigung, des Zinses und des Geldes* [1936], übers. v. Fritz Waeger, Berlin: Duncker & Humblot 1983, S. 271-276, 316-318. Vgl. auch Geoff Mann, *In the Long Run We Are All Dead. Keynesianism, Political Economy, and Revolution*, London/New York: Verso 2017.

10 Keynes, *Allgemeine Theorie*, S. 275; Alvin Hansen, »Economic Progress and Declining Population Growth«, in: *American Economic Review* 29/1 (1939). Zur Analyse der demografischen Aspekte dieser Argumentationen: Melinda Cooper, »Secular Stagnation. Fear of a Non-Reproductive Future«, in: *Postmodern Culture* 27/1 (2016).

11 Larry Summers, »Demand Side Secular Stagnation«, in: *American Economic Review* 105/5 (2015), S. 64.

12 Keynes, »Wirtschaftliche Möglichkeiten für unsere Enkelkinder«, S. 143.

13 Lorenzo Pecchi/Gustavo Piga, *Revisiting Keynes' Economic Possibilities for our Grandchildren*, Cambridge (Massachusetts): MIT Press 2008. Vgl. auch Mike Beggs, »Keynes's Jetpack«, in: *Jacobin*, 17. April 2012, online verfügbar unter: {https://www.jacobinmag.com/2012/04/keynes-jetpack/} (Stand Juli 2021); Robert Chernomas, »Keynes on Post-Scarcity Society«, in: *Journal of Economic Issues* 18/4 (1984); James Crotty, *Keynes against Capitalism*, London: Taylor & Francis 2019.

14 Robinson kritisierte die »Bastard-Keynesianer« dafür, dass sie die

Rangfolge der Werte, denen sich Keynes verpflichtet sah, völlig auf den Kopf stellten: »Wenn der Kapitalismus mit Überfluss unvereinbar ist«, so die absurde Argumentation, die sie ihm in den Mund legten, »dann muss man den Überfluss opfern, um den Kapitalismus am Laufen zu halten.« Joan Robinson, »What Has Become of the Keynesian Revolution?«, in: *Challenge* 6/16 (1974), S. 11.

15 Beveridge, *Full Employment in a Free Society*, S. 31, 101, 159, 273. – Ähnlich wurde im letzten Bericht des Völkerbundes argumentiert: »Die schmerzlichen Erinnerungen an das Übel ungewollter Muße ohne ausreichendes Einkommen dürfen uns nicht blind dafür machen, welche Vorzüge eine gewollte Muße für Menschen hat, bei denen die Befriedigung ihrer materiellen Grundbedürfnisse bereits sichergestellt ist.« League of Nations, *Economic Stability in the Post-War World. The Conditions of Prosperity after the Transition from War to Peace*, Genf: League of Nations 1945, S. 228f.

16 Vgl. Robert Pollin, *Greening the Global Economy*, Cambridge (Massachusetts): MIT Press 2015; Ann Pettifor, *Green New Deal. Warum wir können, was wir tun müssen*, übers. v. Ursel Schäfer, Hamburg: Hamburger Edition 2020; Kate Aronoff u.a., *A Planet to Win. The Case for the Green New Deal*, London/New York: Verso 2019. Kritisch dazu: Geoff Mann/Joel Wainwright, *Climate Leviathan. A Political Theory of Our Planetary Future*, London/New York: Verso 2018, S. 99-128; Troy Vetesse, »To Freeze the Thames«, in: *New Left Review* Nr. 111 (Neue Folge, Mai/Juni 2018); Jason Hickel, »Degrowth. A Theory of Radical Abundance«, in: *Real World Economics Review* 87 (2019), S. 54-68; Nicholas Beuret, »A Green New Deal between Whom and for What?«, in: *Viewpoint Magazine*, 24. Oktober 2019, online verfügbar unter: {https://viewpointmag.com/2019/10/24/green-new-deal-for-what/} (Stand Juli 2021).

17 Nixon Apple, »The Rise and Fall of Full Employment Capitalism«, in: *Studies in Political Economy* 4/1 (1980).

18 Der klassische Text dazu ist Michal Kalecki, »Politische Aspekte der Vollbeschäftigung« [1943], in: Ders., *Krise und Prosperität im Kapitalismus. Ausgewählte Essays 1933-1971*, übers. v. Karl von Delhaes u.a., Marburg: Metropolis 1987, S. 235-241. Kalecki meinte zu Unrecht, dass Kapitalisten Vollbeschäftigung grundsätzlich ablehnen. Sie waren mit ihr durchaus einverstanden, solange sie im Zuge eines rasanten, exportgetriebenen Wachstums durch private Investitionen zustande kam. Vgl. auch Jonathan Levy, »Capital as

Process and the History of Capital«, in: *Business History Review* 91/Sonderheft 3 (2017).

19 Vgl. James Crotty, »Post-Keynesian Economic Theory. An Overview and Evaluation«, in: *American Economic Review* 70/2 (1980), S. 25; Adam Przeworski, »Social Democracy as Historical Phenomenon«, in: *New Left Review* Nr. 122 (Juli/August 1980), S. 568.

20 Oskar Lange/Fred M. Taylor, *On the Economic Theory of Socialism*, Minneapolis: University of Minnesota Press 1938, S. 119f. – Lange vertrat die Auffassung, Sozialisten könnten politisch davon profitieren, wenn sie einen »Beschäftigungsplan« aufstellten, um »die Arbeitslosigkeit anzugreifen«. Er warnte allerdings auch, dass »Konzerne und Banken nun einmal über gewaltige wirtschaftliche Macht verfügen und folglich sie die Kontrolle über die öffentlichen Planungsbehörden hätten – nicht umgekehrt« (S. 119, 127-129).

21 Für hilfreiche Kommentare zu diesem Abschnitt danke ich Robert Brenner.

22 Vgl. Philippe van Parijs/Yannick Vanderborght, *Basic Income. A Radical Proposal for a Free Society and a Sane Economy*, Cambridge (Massachusetts): Harvard University Press 2017, S. 8; Guy Standing, *Basic Income. A Guide for the Open-Minded*, New Haven: Yale University Press 2017. Diesen Vorschlag erörtern Brynjolfsson/McAfee, *Second Machine Age*, S. 232-241; Ford, *Aufstieg der Roboter*, S. 307-312; Stern, *Raising the Floor*, S. 171-222; und Yang, *War on Normal People*, S. 165-174.

23 Ishaan Tharoor, »The pandemic strengthens the case for universal basic income«, in: *Washington Post*, 9. April 2020; Sam Meredith, »The coronavirus crisis could pave the way to universal basic income«, *CNBC*, 16. April 2020, online verfügbar unter: {https://www.cnbc.com/2020/04/16/coronavirus-crisis-could-pave-the-way-to-a-universal-basic-income.html} (Stand Juli 2021); Craig Paton, »Coronavirus in Scotland. Nicola Sturgeon eyes plans for universal basic income«, in: *The Times*, 5. Mai 2020.

24 James Ferguson, Give a Man a Fish. Reflections on the New Politics of Distribution, Durham: Duke University Press 2015.

25 Van Parijs und Vanderborght schlagen als Ausgangspunkt für Reformen ein Grundeinkommen mit erstaunlich wenigen Anspruchsberechtigten vor: *Basic Income*, S. 220-224.

26 Diese Einsicht teilen Dyer-Witheford, *Cyber-Proletariat*, S. 185f.; Srnicek/Williams, *Die Zukunft erfinden*, S. 210; Annie Lowrey,

Give People Money. How UBI Would End Poverty, Revolutionize Work, and Remake the World, New York: Crown 2018, S. 130.

27 Zu Thomas Paines *Agrarian Justice* (1797): van Parijs/Vanderborght, *Basic Income*, S. 70-72.

28 Milton Friedman, *Kapitalismus und Freiheit* [1962], übers. v. Paul C. Martin, München/Zürich: Piper 2004, S. 227-232; Friedrich A. von Hayek, *Recht, Gesetzgebung und Freiheit. Band 3: Die Verfassung einer Gesellschaft freier Menschen*, Landsberg am Lech: Verlag Moderne Industrie 1981, S. 82-85.

29 Zum Neoliberalismus als einer Doktrin, die eher auf die Konstruktion von Märkten als auf ihre Entfesselung zielt: Pierre Dardot/Christian Laval, *The New Way of the World. On Neoliberal Society*, London/New York: Verso 2013; Quinn Slobodian, *Globalisten. Das Ende der Imperien und die Geburt des Neoliberalismus*, übers. v. Stephan Gebauer, Berlin: Suhrkamp 2019.

30 Charles Murray, *In Our Hands. A Plan to Replace the Welfare State*, Washington: AEI Press 2016, S. 11-15; ders., *Coming Apart. The State of White America, 1960-2010*, New York: Crown 2012. Zu Murrays intellektuellem Werdegang: Quinn Slobodian/Stuart Schrader, »The White Man, Unburdened«, in: *Baffler* Nr. 40 (Juli 2018), online verfügbar unter: {https://thebaffler.com/salvos/the-white-man-unburdened-slobodian-schrader} (Stand Juli 2021). – Es ist frappierend, wie viele BGE-Vertreter Murrays Werk beeinflusst hat. Vgl. Brynjolfsson/McAfee, *Second Machine Age*, S. 234-237; Ford, *Aufstieg der Roboter*, S. 313f.; West, *Future of Work*, S. 99-100; Lowrey, *Give People Money*, S. 128-130. Andy Stern schildert ein fiktives Gespräch zwischen Murray und Martin Luther King: *Raising the Floor*, S. 202f.

31 Murray, *In Our Hands*, S. xi. Vgl. auch van Parijs/Vanderborght, *Basic Income*, S. 5, Lowrey, *Give People Money*, S. 25f.

32 Murray, *In Our Hands*, S. 60-68, 81-90.

33 Ebd., S. 7. – Die Kluft zwischen den Forderungen nach ausreichenden Einkommen und nach Einkommensgleichheit analysiert scharfsinnig Samuel Moyn, *Not Enough. Human Rights in an Unequal World*, Cambridge (Massachusetts): Harvard University Press, 2018.

34 Van Parijs/Vanderborght, *Basic Income*, S. 214.

35 Vgl. ebd., S. 127f.; Erik Olin Wright, *Linker Antikapitalismus im 21. Jahrhundert. Was es bedeutet, demokratischer Sozialist zu sein*, übers. v. Tim Jack u. Daniela Kreuels, Hamburg: VSA 2019, S. 68-

70; Srnicek/Williams, *Die Zukunft erfinden*, S. 193-203. – Eine einflussreiche frühe Version dieses Arguments findet sich in Stanley Aronowitz u. a., »The Post-work Manifesto«, in: Stanley Aronowitz/Jonathan Cutler (Hg.), *Post-work. The Wages of Cybernation*, London: Routledge 1998.

36 Van Parijs/Vanderborght, *Basic Income*, S. 11f., 214, 220-224, 127f. – Auch rätekommunistische und anarchosyndikalistische Strömungen sind immer für freiwillige Zusammenschlüsse und gegen Bürokratien eingetreten. Vgl. Dario Azzellini/Immanuel Ness (Hrsg.), »Die endlich entdeckte politische Form«. Fabrikräte und Selbstverwaltung von der Russischen Revolution bis heute, Köln: ISP 2012.

37 Srnicek/Williams, *Die Zukunft erfinden*, S. 175-210.

38 Ebd., S. 193-203. Vgl. auch Robert J. van der Veen/Philippe van Parijs, »A Capitalist Road to Communism«, in: *Theory and Society* 15/5 (1986), und Frase, *Four Futures*, S. 54-58.

39 Keynes, »Wirtschaftliche Möglichkeiten für unsere Enkelkinder«, S. 142f.; West, *Future of Work*, S. 83-88. Vgl. auch Saadia, *Trekonomics*, sowie den *Kultur*-Zyklus von Iain M. Banks. – Wie attraktiv diese Vorstellung ist, zeigt die Popularität des Memes »Fully automated luxury communism«.

40 Alyssa Battistoni, »Alive in the Sunshine«, in: *Jacobin*, 12. Januar 2014, online verfügbar unter: {https://www.jacobinmag.com/2014/01/alive-in-the-sunshine} (Stand Juli 2021); van Parijs/Vanderborght, *Basic Income*, S. 227-230.

41 Vgl. Elizabeth Anderson, *Private Regierung. Wie Arbeitgeber über unser Leben herrschen (und warum wir nicht darüber reden)*, übers. v. Karin Wördemann, Berlin: Suhrkamp 2019.

42 Katherine Hobson, »Feeling Lonely? Too Much Time on Social Media May Be Why«, *NPR*, 6. März 2017, online verfügbar unter: {https://www.npr.org/sections/health-shots/2017/03/06/518362255/feeling-lonely-too-much-time-on-social-media-may-be-why?t=1612130015956} (Stand Juli 2021). Vgl. auch Brian Primack u. a., »Social Media Use and Perceived Social Isolation among Young Adults in the US«, in: *American Journal of Preventative Medicine* 53/1 (2017).

43 Sareeta Amrute, »Automation Won't Keep Front-Line Workers Safe«, in: *Slate*, 9. April 2020, online verfügbar unter: {https://slate.com/technology/2020/04/automation-coronavirus-frontline-workers-protection.html} (Stand Juli 2021).

44 Den Automatisierungstheoretikern kommt es unterdessen gar nicht in den Sinn, den Kapitalisten die Entscheidungsgewalt über Investitionen zu entziehen, da sie der Überzeugung sind, dass ihr Programm auf Privatinvestitionen in digitale Technologien angewiesen ist.

45 Karl Marx, »Ökonomisch-Philosophische Manuskripte (1844)«, in: *Marx-Engels-Werke*, Ergänzungsband 1, Berlin: Dietz 1968, S. 465-588, hier S. 514.

46 Vgl. Bertram Silverman, »The Rise and Fall of the Swedish Model. Interview with Rudolf Meidner«, in: *Challenge* 41/1 (1998).

47 Vgl. Geoff Eley, *Forging Democracy. The History of the Left in Europe, 1850-2000*, Oxford: Oxford University Press 2002, insbes. Kap. 10 und 17 zum Versäumnis von Arbeiterparteien und Gewerkschaften, die Chance für eine Offensive zu nutzen, die sich nach dem Ersten Weltkrieg in Deutschland und Italien sowie im Frankreich der Zwischenkriegszeit bot.

6. Notwendigkeit und Freiheit

1 Bertolt Brecht, »An die Nachgeborenen«, in: ders., *Gesammelte Werke*, Bd. 9, Frankfurt am Main: Suhrkamp 1967, S. 722-725, hier S. 724.

2 Zu den Grenzen real existierender Sozialstaaten, erläutert von einem ihrer bekanntesten Verfechter: Esping-Andersen, *Three Worlds of Welfare Capitalism*, S. 9-34.

3 Diese Losung ziert das Cover der englischsprachigen Originalausgabe von Srnicek/Williams, *Die Zukunft erfinden*.

4 Vgl. Ford, *Aufstieg der Roboter*, S. 292-295; Yang, *War on Normal People*, S. xvii; Frase, *Four Futures*, S. 48f. Ausführlicher dazu: Saadia, *Trekonomics*, S. 65-86. – Die Anregung zu dieser Vision könnte von der UdSSR ausgegangen sein. 1961 rief Chruschtschow dazu auf, binnen zwanzig Jahren den Kommunismus zu verwirklichen. In Reaktion darauf verfassten die Brüder Strugazki als Science-Fiction-Duo eine Reihe fantastischer Kurzgeschichten unter dem Titel *Mittag, 22. Jahrhundert* ([1961], übers. v. Aljonna Möckel, Berlin: Verlag Neues Leben 1977), die von der Raumfahrt in einer kommunistischen Zukunft handeln. Zusammen mit ihrem späteren Roman *Es ist nicht leicht, ein Gott zu sein* ([1964], übers. v. Hermann Buchner, Düsseldorf: Marion von Schröder Verlag 1971) könnte

diese Vision kommunistischer Raumfahrer das Vorbild für *Star Trek – The Next Generation* und Iain Banks' *Kultur*-Zyklus gewesen sein, die beide ab 1987 entstanden.

5 Thomas Morus, *Utopia*, übers. v. Hermann Kothe, Frankfurt am Main: Insel 1992, S. 84-86, 204-206.

6 Zur sogenannten *Mudsill*-Theorie (»Grundschwellen-Theorie«), mit der Hammond 1858 behauptete, es brauche Sklaven für die Plackerei, um die übrige Gesellschaft aus dem Dreck zu hieven: Anderson, *Private Regierung*, S. 70. Vgl. auch W.E.B. Du Bois, *Darkwater. Voices from within the Veil* [1920], London: Dover Publications 1999, S. 69.

7 Morus, *Utopia*, S. 104-119; Étienne Cabet, *Reise nach Ikarien* [1840], übers. v. Dr. Wendell-Hipper, Berlin: Karin Kramer 1979, S. 88-97; Karl Marx, *Grundrisse der Kritik der politischen Ökonomie* [1857/58], Berlin: Dietz 1974, S. 594-600; ders., *Das Kapital*, Bd. 3, *Marx-Engels-Werke*, Bd. 25, Berlin: Dietz 1964, S. 828; Peter Kropotkin, *Die Eroberung des Brotes und andere Schriften*, übers. v. Hans G. Helms, München: Hanser 1973, S. 170-185. – Eine allgemeine Erörterung, die allerdings Cabet und Kropotkin ausspart, bietet Edward Granter, *Critical Theory and the End of Work*, Farnham: Ashgate 2009, insbes. S. 31-67. Auf Denker wie Charles Fourier, William Morris und Herbert Marcuse, die im Kern behaupteten, durch die Verwandlung aller Arbeit in Spiel könne man diese Sphärentrennung aufheben, gehe ich hier nicht ein. Entwürfe einer Welt jenseits des Mangels, die nur eine einzige Sphäre vorsehen, sind meines Erachtens sowohl totalitär als auch hoffnungslos utopisch (im schlechten Sinne des Wortes).

8 Zit. n. Marx, *Das Kapital*, Bd. 1, S. 430. Vgl. auch William Booth, »The New Household Economy«, in: *American Political Science Review* 85/1 (1991), S. 59-75; Claudio Katz, »The Socialist Polis. Antiquity and Socialism in Marx's Thought«, in: *Review of Politics* 56/2 (1994), S. 237-260.

9 Morus, *Utopia*, S. 125-129 (über die »goldenen Ketten« der Sklaven); 184 (Frühchristen); 84f. (Abschaffung von Geld und Privateigentum); 55-58 (Einhegungen); 111 (freie Zeit). – Marx zitiert im *Kapital* (Bd. 1, S. 646) indirekt Morus' »goldene Ketten«. Zu Morus als Vorläufer von Marx: William Morris, »Foreword to Thomas More's Utopia« [1893], in: ders., *News from Nowhere and Other Writings*, London: Penguin 1993, S. 371-375.

10 Cabet, *Reise nach Ikarien*, S. 323-328.

11 David Gregory, »Karl Marx's and Friedrich Engels' Knowledge of French Socialism in 1842-43«, in: *Historical Reflections* 10/1 (Frühling 1983), S. 143-193; Bruno Liepold, »Citizen Marx. The Relationship between Karl Marx and Republicanism«, Dissertation an der University of Oxford, 2017.

12 Frank Manuel/Fritzie Manuel, *Utopian Thought in the Western World*, Cambridge (Massachusetts): Harvard University Press 1979, S. 712.

13 Vgl. Paul Corcoran (Hg.), *Before Marx. Socialism and Communism in France*, London: Macmillan 1983. – Marx stand zwei miteinander verbundenen Tendenzen gegenüber, die ihn im Lauf seiner politischen Entwicklung auf Abwege hätten führen können. Einerseits behaupteten die Automatisierungstheoretiker seiner Zeit – John Adolphus Etzler, Andrew Ure und Charles Babbage –, Maschinen verdrängten bereits die menschliche Arbeit, ermöglichten die Abschaffung von Notwendigkeit an sich und dadurch die Schaffung einer Welt der vollkommen freien Individualität – eine Position, die Marx zurückwies. Andererseits malten sich die Fourieristen aus, wie die Arbeit in einer nachkapitalistischen Gesellschaft in Spiel verwandelt werden könne, wodurch jegliche Notwendigkeit in Freiheit aufgehe. Diese romantische Position lehnte Marx ebenfalls ab und wandte gegen Fourier ein, Notwendigkeit könne unter kollektive Aufsicht und Kontrolle gestellt, aber nicht in Spiel aufgelöst werden. Indem er das Reich der Notwendigkeit von dem der Freiheit getrennt hielt, erwies sich Marx als ein Anhänger von Morus.

14 Karl Marx, »Der Bürgerkrieg in Frankreich« [1871], in: *Marx-Engels-Werke*, Bd. 17, Berlin: Dietz 1962, S. 313-365; Raya Dunayevskaya, *Marxism and Freedom*, Amherst: Humanity Books 2000, S. 92-102.

15 Ross, *Luxus für alle*, S. 91-116.

16 Otto Neurath, *Wirtschaftsplan und Naturalrechnung. Von der sozialistischen Lebensordnung und vom kommenden Menschen*, Berlin: E. Laub 1925; Du Bois, *Darkwater*, S. 56-59, 69; John Dewey, *Liberalismus und gesellschaftliches Handeln*, übers. v. Achim u. Nora Eschbach, Tübingen: Mohr Siebeck 2000 [1935], S. 116-183; Karl Polanyi, *The Great Transformation. Politische und ökonomische Ursprünge von Gesellschaften und Wirtschaftssystemen* [1944], übers. v. Heinrich Jelinek, Frankfurt am Main: Suhrkamp 1978, S. 329-344. Vgl. auch Marcel van der Linden, »Wider den gesellschaftlichen Rückschritt. Die Bewegung für inhaltliche

Demokratie, 1947-1964«, in: Angelika Ebbinghaus/Karl Heinz Roth (Hg.), *Grenzgänge. Deutsche Geschichte des 20. Jahrhunderts im Spiegel von Publizistik, Rechtsprechung und historischer Forschung*, Lüneburg: Zu Klampen 1999, S. 222-237. – In der von ihm 1920 angestoßenen Debatte über die Wirtschaftsrechnung im Sozialismus verwarf Ludwig von Mises diesen mit der Begründung, er könne keinerlei rationale Grundlage für die Entscheidung zwischen verschiedenen Produktionsmethoden anbieten, insbesondere wenn es um die Herstellung von Zwischenprodukten geht, die in andere Produktionsprozesse einfließen.

17 Bellamy, *Rückblick aus dem Jahre 2000*, S. 92-101.

18 »Es wäre sinnlos, die Müllabfuhr abzuschaffen als einen Job, den jemand jahrelang machen muß, wenn sich nicht gleichzeitig der komplette Prozeß und die Logik von Müllproduktion und -deponierung verändert.« Gilles Dauvé/François Martin, *Niedergang und Wiederkehr der kommunistischen Bewegung*, Beilage zum *Wildcat-Zirkular* Nr. 52/53 (Juli 1999), S. 39.

19 Ross macht in *Luxus für alle* eine Form von luxuriösem Kommunismus vorstellbar, der nicht »vollautomatisiert« sein muss.

20 Vgl. James Klagge, »Marx's Realms of Freedom and Necessity«, in: *Canadian Journal of Philosophy* 16/4 (1986), S. 769-778.

21 Morus, *Utopia*, S. 114. Vgl. auch Kropotkin, *Die Eroberung des Brotes*, S. 131-136.

22 James Boggs, »The American Revolution« [1963], in: Ward (Hg.), *Pages from a Black Radical's Notebook*, S. 110.

23 Morus, *Utopia*, S. 202.

24 Vgl. zu diesem Aspekt Teil 2 in Martin Hägglund, *This Life. Secular Faith and Spiritual Freedom*, New York: Pantheon Books, 2019, insbes. S. 221-237, 301-325. Hägglund weist hier dem Reich der Notwendigkeit und dem der Freiheit einen ähnlichen Ort im demokratischen Sozialismus zu, wie ich es mit Blick auf eine Welt ohne Mangel tue.

25 Das Zitat stammt aus »The Neutral Zone« (Staffel 1, Folge 26 von *Star Trek – The Next Generation*). Vgl. auch Saadia, *Trekonomics*, S. 40.

26 Kropotkin, *Die Eroberung des Brotes*, S. 216.

27 Daniel H. Pink, *Drive. Was Sie wirklich motiviert*, übers. v. Birgit Haim, Salzburg: Ecowin 2010.

28 John O'Neill, *The Market. Ethics, Knowledge, and Politics*, London: Routledge 1998; Daniel Saros, *Information Technology and*

Socialist Construction, London: Routledge 2014; Evgeny Morozov, »Digital Socialism?«, in: *New Left Review* Nr. 116/117 (Neue Folge, März/Juni 2019). – Für großzügige Hilfe bei meinen Bemühungen, diese Probleme zu verstehen, und für Hinweise auf mögliche Lösungen danke ich Björn Westergard. Vgl. Björn Westergard, »Review: *People's Republic of Walmart*«, *The Socialist Planning Blog*, 28. August 2019, online verfügbar unter: {http://socialistplanning.org/posts/review-peoples-republic} (Stand Juli 2021).

29 In diesem Sinne gilt, »dass Gleichheit Individualismus nicht beeinträchtigt, sondern vielmehr ermöglicht«. Ross, *Luxus für alle*, S. 139. Vgl. auch Morus, *Utopia*, S. 105-107; Marx, *Grundrisse*, S. 599f.; Marx, *Das Kapital*, Bd. 1, S. 430; Kropotkin, *Die Eroberung des Brotes*, S. 170-185.

30 Theodor W. Adorno, *Minima Moralia. Reflexionen aus dem beschädigten Leben* [1951], Frankfurt am Main: Suhrkamp 1994, S. 208.

31 In einer Welt ohne Mangel könnten sich Menschen Unterdrückung entziehen und dorthin gehen, wo sie Freiheit finden – »wenn man mich an einem Ort peinigt, wer soll mich daran hindern, woanders hinzugehen?«. Jean-Jacques Rousseau, *Diskurs über die Ungleichheit* [1755], übers. v. Heinrich Meier, Paderborn: Ferdinand Schöningh 2019, S. 165. Vgl. auch Cory Doctorow, *Walkaway*. Roman, übers. v. Jürgen Langowski, München: Heyne 2018.

32 Aronowitz u. a., »The Post-Work Manifesto«.

33 Saadia, *Trekonomics*, S. 61.

34 Michael Lebowitz, *The Socialist Alternative. Real Human Development*, New York: Monthly Review Press 2010, S. 31-45.

35 Eine Utopie inmitten von Mangel schildert Ursula K. Le Guin, *Freie Geister. Eine zwiespältige Utopie*, übers. v. Karen Nölle, Frankfurt am Main: Fischer Tor 2017. Vgl. dazu auch die Bemerkungen zur »Reduzierung der Welt« in Le Guins Romanen bei Jameson, *The Desire Called Utopia*, S. 267-280, sowie Frase, *Four Futures*, S. 91-119.

36 Die meisten BGE-Theoretiker räumen dies letztlich ein. Vgl. etwa van Parijs/Vanderborght, *Basic Income*, S. 246.

Postskriptum: Akteure der Veränderung

1 Van der Veen/van Parijs, »A Capitalist Road to Communism«, S. 652f.; Srnicek/Williams, *Die Zukunft erfinden*, S. 20-26. – Weniger radikale Automatisierungstheoretiker äußern sich nicht nur abschätzig, sondern geradezu feindselig über soziale Kämpfe. Yang (*War on Normal People*, S. 158f.) behauptet, sie könnten heute nur eine Form annehmen, die sich »auf Rassegedanken und Identität stützt, wobei ihre Triebkraft in einer zunehmend automatisierten Wirtschaft besteht«. Er entwirft ein beängstigendes Szenario, in dem Lkw-Fahrer angesichts ihrer Verdrängung durch neue Technologien Straßenblockaden organisieren, was wiederum massenhafte Schießereien, Steuerrevolten, virale antisemitische Videos und den Aufstieg einer ethnonationalistischen Partei nach sich zieht, die für die Rückkehr zum einfachen Leben unter der Ägide eines rassistischen Staates eintritt.

2 Streeck, »Wie wird der Kapitalismus enden?« (Teil 1), S. 109.

3 Versuche, diese Bewegungen als ein Ganzes auszuwerten, sind u.a. Paul Mason, *Why It's Still Kicking Off Everywhere. The New Global Revolutions*, London/New York: Verso 2013; Manuel Castells, *Networks of Outrage and Hope. Social Movements in the Internet Age*, Hoboken: Wiley 2015; Endnotes, »The Holding Pattern«, in: *Endnotes* Nr. 3 (2013); online verfügbar unter: {https://endnotes.org.uk/issues/3/en/endnotes-the-holding-pattern} (Stand Juli 2021); und Göran Therborn, »New Masses?«, in: *New Left Review* Nr. 85 (Neue Folge, Januar/Februar 2014). – Zu der Welle von Bewegungen 2019: Jack Shenker, »This Wave of Global Protest Is Being Led by the Children of the Financial Crash«, in: *Guardian*, 29. Oktober 2019; Robin Wright, »The Story of 2019. Protests in Every Corner of the Globe«, in: *New Yorker*, 31. Dezember 2019.

4 Paul Mason, *Postkapitalismus. Grundrisse einer kommenden Ökonomie*, übers. v. Stephan Gebauer, Berlin: Suhrkamp 2016, S. 59.

5 Vgl. Gay Seidman, *Manufacturing Militance. Workers' Movements in Brazil and South Africa, 1970-1985*, Berkeley: University of California Press 1994.

6 So z.B. Kim Moody, *On New Terrain. How Capital Is Reshaping the Battleground of Class War*, Chicago: Haymarket 2017.

7 Vgl. Federico Rossi, *The Poor's Struggle for Political Incorporation. The Piquetero Movement in Argentina*, Cambridge: Cambridge University Press 2017.

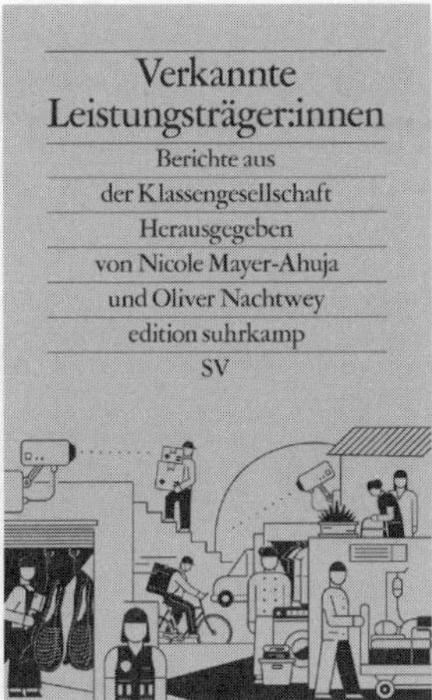

Nicole Mayer-Ahuja und Oliver Nachtwey
Verkannte Leistungsträger:innen
Berichte aus der Klassengesellschaft
567 Seiten
€ 22,00 [D] / € 22,70 [A]
Fr. 31,50 [CH]
ISBN 978-3-518-03601-3
Auch als eBook erhältlich

»Sie halten den Laden am Laufen«: Pflegekräfte, Paketbotinnen oder auch Arbeiter in den großen Fleischfabriken des Landes. Für ihren Einsatz während der Corona-Pandemie wurden sie von den Balkonen der Republik beklatscht. Doch ihr Alltag ist oft geprägt von prekären Beschäftigungsverhältnissen, schlechten Arbeitsbedingungen, Druck, Stress und Diskriminierung.

Die Autor:innen dieses Bandes haben mit Beschäftigten in für unser Leben so wichtigen Branchen wie Gesundheit, Ernährung oder Logistik gesprochen. Entstanden sind eindringliche Porträts, die sichtbar machen, was in der modernen Klassengesellschaft häufig im Schatten bleibt: Wie erfahren diese »Helden und Heldinnen des Alltags« ihre Situation? Welche Probleme machen ihnen am meisten zu schaffen? Und wo liegen Chancen für Veränderung? Das Ergebnis ist eine ebenso notwendige Würdigung der verkannten Leistungsträger:innen wie ein unverzichtbarer Beitrag zum Verständnis der Arbeitswelt von heute.

NF 1181/1/09.21

Thomas Edlinger. Der wunde Punkt. Vom Unbehagen an der Kritik. es 2693. 317 Seiten

Didier Eribon
- Gesellschaft als Urteil. Klassen, Identitäten, Wege. es-Sonderdruck. 265 Seiten
- Rückkehr nach Reims. es-Sonderdruck. 240 Seiten

Heiner Flassbeck/Paul Steinhardt. Gescheiterte Globalisierung. Ungleichheit, Geld und die Renaissance des Staates. es 2722. 410 Seiten

Manuela Freiheit/Wilhelm Heitmeyer/Peter Sitzer. Rechte Bedrohungsallianzen. Signaturen der Bedrohung II. es 2748. 325 Seiten

Heinrich Geiselberger (Hg.). Die große Regression. Eine internationale Debatte über die geistige Situation der Zeit. es-Sonderdruck. 319 Seiten

Lukas Haffert. Die schwarze Null. Über die Schattenseiten ausgeglichener Haushalte. es-Sonderdruck. 100 Seiten

Lea Haller. Transithandel. Geld- und Warenströme im globalen Kapitalismus. es 2731. 511 Seiten

Christian Heilbronn/Doron Rabinovici/Natan Sznaider (Hg.). Neuer Antisemitismus? Fortsetzung einer globalen Debatte. Mit Beiträgen von Judith Butler, Dan Diner, Tony Judt, Matthias Küntzel, Moshe Zimmermann und anderen. es 2740. 494 Seiten

Uffa Jensen. Zornpolitik. es 2720. 208 Seiten

NF 1181/2/09.21

Dirk Jörke. Die Größe der Demokratie. Über die räumliche Dimension von Herrschaft und Partizipation. es 2739. 283 Seiten

Susanne Kaiser. Politische Männlichkeit. Wie Incels, Fundamentalisten und Autoritäre für das Patriarchat mobilmachen. es 2765. 268 Seiten

Ivan Krastev. Europadämmerung. Ein Essay. es 2712. 143 Seiten

Bruno Latour. Das terrestrische Manifest. es-Sonderdruck. 136 Seiten

Philip Manow
- Die Politische Ökonomie des Populismus. es 2728. 76 Seiten
- (Ent-)Demokratisierung der Demokratie. es 2753. 215 Seiten

Lorenzo Marsili/Niccolò Milanese. Wir heimatlosen Weltbürger. es 2736. 280 Seiten

Steffen Mau. Das metrische Wir. Über die Quantifizierung des Sozialen. es-Sonderdruck. 307 Seiten

Steffen Mau/Nadine M. Schöneck (Hg.). (Un-)Gerechte (Un-)Gleichheiten. es 2684. 208 Seiten

Luuk van Middelaar. Das europäische Pandämonium. Was die Pandemie über den Zustand der EU enthüllt. es 2763. 202 Seiten

Robert Misik. Die falschen Freunde der einfachen Leute. es 2741. 138 Seiten

NF 1181/3/09.21

Christoph Möllers. Freiheitsgrade. Elemente einer liberalen politischen Mechanik. es 2755. 343 Seiten

Chantal Mouffe. Für einen linken Populismus. es 2729. 110 Seiten

Jan-Werner Müller
- Was ist Populismus? Ein Essay. es-Sonderdruck. 159 Seiten
- Furcht und Freiheit. Für einen anderen Liberalismus. es-Sonderdruck. 171 Seiten

Oliver Nachtwey. Die Abstiegsgesellschaft. Über das Aufbegehren in der regressiven Moderne. es 2682. 264 Seiten

Claus Offe. Europa in der Falle. es 2691. 160 Seiten

Miltiadis Oulios. Blackbox Abschiebung. Geschichte, Theorie und Praxis der deutschen Migrationspolitik. es-Sonderdruck. 512 Seiten

Volker Perthes. Das Ende des Nahen Ostens, wie wir ihn kennen. Ein Essay. es-Sonderdruck. 144 Seiten

Heribert Prantl. Trotz alledem! Europa muss man einfach lieben. es-Sonderdruck. 93 Seiten

Adam Przeworski. Krisen der Demokratie. es 2751. 256 Seiten

Jedediah Purdy. Die Welt und wir. Politik im Anthropozän. es-Sonderdruck. 187 Seiten

Katharina Raabe/Manfred Sapper (Hg.). Testfall Ukraine. Europa und seine Werte. es-Sonderdruck. 256 Seiten

NF 1181/4/09.21

Andreas Reckwitz. Das Ende der Illusionen. Politik, Ökonomie und Kultur in der Spätmoderne. es 2735. 305 Seiten

César Rendueles. Kanaillen-Kapitalismus. Eine literarische Reise durch die Geschichte der freien Marktwirtschaft. es 2737. 300 Seiten

Armin Schäfer/Michael Zürn. Die demokratische Regression. es 2749. 247 Seiten

Olga Shparaga. Die Revolution hat ein weibliches Gesicht. Der Fall Belarus. es 2769. 234 Seiten

Philipp Staab. Digitaler Kapitalismus. Markt und Herrschaft in der Ökonomie der Unknappheit. es-Sonderdruck. 345 Seiten

Carlo Strenger

- Abenteuer Freiheit. Ein Wegweiser für unsichere Zeiten. es-Sonderdruck. 122 Seiten
- Diese verdammten liberalen Eliten. Wer sie sind und warum wir sie brauchen. es-Sonderdruck. 180 Seiten

Natascha Strobl. Radikalisierter Konservatismus. Eine Analyse. es 2782. 188 Seiten

William T. Vollmann. Arme Leute. Reportagen. es-Sonderdruck. 448 Seiten

Joscha Wullweber. Zentralbankkapitalismus. Transformationen des globalen Finanzsystems in Krisenzeiten. es 2747. 297 Seiten

Raul Zelik. Wir Untoten des Kapitals. Über politische Monster und einen grünen Sozialismus. es 2746. 328 Seiten

NF 1181/5/09.21